县级供电企业
数字化建设实践

国网陕西省电力有限公司培训中心　组编

XIANJI GONGDIAN QIYE
SHUZIHUA JIANSHE SHIJIAN

中国电力出版社
CHINA ELECTRIC POWER PRESS

内 容 提 要

根据国网陕西省电力有限公司县级供电企业数字化建设的实际情况，以及应用实施中遇到的难点和痛点，编写组对陕西电网数字化的总体目标、思路、使用场景、应用及经典案例进行深入研究和总结，在书中分享建设成果，为相关领域的发展提供有益的参考和启示。

本书全面阐述了陕西电网在县级供电企业数字化建设方面的理论与实践。首先，详细分析了县级供电企业数字化建设所面临的关键问题，并提供相应的解决方案和措施；其次，系统地总结陕西电网在县级供电企业数字化建设上取得的重大成果和效益，并针对现有的数字化技术和应用提出加强技术创新、优化系统架构、提高数据质量、加强人才培养等多方面具体且实用的建议和措施；再次，进一步探讨了陕西电网在县级供电企业数字化建设方面的未来发展目标和方向；最后，深入分析陕西电网在县级供电企业数字化建设方面所面临的机遇和挑战，并为应对这些挑战提供了有效的策略和措施。

此外，本书引入陕西电网在县级供电企业数字化建设方面的实际案例。案例涉及智能化监控、自动化抄表、能源管理以及电力市场交易等不同领域、不同方面的实际应用。通过这些具体案例的分析和总结，展示了陕西电网在县级供电企业数字化建设方面所取得的实质性成果和应用前景，为电力行业县级供电企业数字化建设提供了实用的借鉴与参考。

图书在版编目（CIP）数据

县级供电企业数字化建设实践 / 国网陕西省电力有限公司培训中心组编. —北京：中国电力出版社，2024.2

ISBN 978-7-5198-8463-5

Ⅰ.①县… Ⅱ.①国… Ⅲ.①供电—县级企业—工业企业管理—数字化—陕西—技术培训—教材 Ⅳ.① F426.61

中国国家版本馆 CIP 数据核字（2023）第 243639 号

出版发行：中国电力出版社
地　　址：北京市东城区北京站西街 19 号（邮政编码 100005）
网　　址：http://www.cepp.sgcc.com.cn
责任编辑：孙　芳
责任校对：黄　蓓　马　宁
装帧设计：赵姗姗
责任印制：吴　迪

印　　刷：三河市万龙印装有限公司
版　　次：2024 年 2 月第一版
印　　次：2024 年 2 月北京第一次印刷
开　　本：710 毫米 ×1000 毫米　16 开本
印　　张：10
字　　数：140 千字
印　　数：0001—1000 册
定　　价：80.00 元

《县级供电企业数字化建设实践》
编委会

主　　编	李建兴	赵　源			
副 主 编	娄亚宁	吴　庆	解建宝		
编 写 组	马霁讴	杨永刚	杨　博	党　瑞	朱春强
	董　兴	欧晓勇	张梦杰	吴　鑫	孟庆坤
	毛宝婷	梁育龙	崔皓岩	王　佳	杜国维
	郑康霖	张金宸	肖康泞	蒙　菊	张小刚
	刘布雨	常　成	贾伊德	高天琪	张　亮
	唐　凯	景　伟			

国家电网有限公司始终高度重视数字化工作，将数字化工作作为电网转型升级和企业创新发展的重要抓手，自"十一五"以来，通过三个五年发展，从无到有建成了央企领先的企业级信息系统，核心业务基本实现线上化，能源与数字融合的新业务、新业态、新模式蓬勃发展。面向"十四五"规划，确立了"建设具有中国特色国际领先的能源互联网企业"战略目标和"一体四翼"发展布局，重点是通过数字化推动电网智能化升级和企业数字化转型，运用数字技术，坚持全要素发力，推进全业务、全环节数字化转型，实现电网高效率运行、公司高质量发展、服务高品质供应。

电力数字化是国家电网有限公司转型发展的必经之路，也是为基层减负的重要举措。通过采用自动化、智能化手段，减轻基层员工的负担和压力，提高工作效率和质量。为了实现电力数字化赋能减负增效的目标，需要及时推广应用成熟经验，不断深化应用数字化新技术，推动数字化新技术在基层落地生效。在此基础上，以问题为导向，解决基层工作中实际存在的问题，让基层员工真正参与到公司数字化转型中去，积极推进"全地区、全专业"数字化建设。国网陕西省电力有限公司在电网生产、企业经营、客户服务数字化转型方面制定详细发展目标，做到创新能力、新型产业升级。

按照电力县级供电企业数字化建设"一年试点经验、两年复制推广、三年总结提升"的思路，本书以提升员工数字化认知水平为目标，覆盖国网陕西公司各业务部门数字化转型过程中涉及的新架构、新信息系统、新设备等内容，分析"五个一"建设过程中的实践难点、痛点，梳理建设实践中形成的典型问题及经典案例，解读各业务部门在数字化转型过程中的新应用、新难题。

本书既可作为电力企业员工数字化建设培训教材，也可作为电力行业县级供电企业数字化建设的参考书。同时，本书对于其他行业在数字化转型方面也具有一定的启示作用。

前言

PREFACE

由于电力企业数字化涉及面十分广泛，编写组认知有限，加之数字化技术更新速度快，书中难免存在疏漏之处，敬请各位专家、读者指正。

编者

2023 年 12 月

目 录

CONTENT

1 概 述

以习近平新时代中国特色社会主义思想为指导，深入贯彻党的二十大精神，适应新发展阶段的要求，全面贯彻新发展理念，加快构建新发展格局，深入实施创新驱动发展战略，推动数字技术与能源产业的深度融合，加强传统能源与数字化智能化技术相融合的新型基础设施建设，释放能源数据要素的价值潜力，强化网络与信息安全保障，有效提升能源的数字化、智能化发展水平。建设数字化强国是新时代背景下，为实现中华民族伟大复兴的中国梦而努力奋斗的重要任务。

党的二十大报告提出了"加快建设制造强国、质量强国、航天强国、交通强国、网络强国、数字中国""加快发展数字经济，促进数字经济和实体经济深度融合，打造具有国际竞争力的数字产业集群"的宏伟目标。数字化是推动能源转型的重要支撑。加快能源产业的数字化智能化升级，是"十四五"时期提升能源产业链现代化水平的重要任务。这是践行新发展理念，构建新发展格局，实现高质量发展的必然选择。要抓住数字技术革命的机遇，推动数字技术与能源产业的深度融合，打造能源产业的数字化、智能化优势，为全面建成社会主义现代化强国提供强大的动力和支撑。

2019 年 10 月，习近平在中央政治局第十八次集体学习时指出，"数字中国"建设是培育发展新动能和实现经济高质量发展的必然选择。他强调，要抢抓数字技术革命的机遇，加快实施数字中国战略，推动数字技术与实体经济的深度融合，为国家治理体系和治理能力现代化提供有力支撑。

2021 年 3 月，习近平在全国两会期间参加河北代表团审议时再次强调，要继续推动信息基础设施建设，全面铺开 5G 基站建设，使不少地方和行业在数字化发展中走在前列。他要求，要加快推进数字化、网络化、智能化，打造新型智慧城市，提升城市管理水平和服务能力。

1.1 数字化建设概述

1.1.1 数字化

数字化是指利用先进的信息系统、各类传感器、机器视觉等信息通信技术，将复杂多变的物理世界中的数据、信息、知识，转化为一系列可识别、可存储、可计算的二进制代码，引入计算机内部，形成数字、数据，再以这些数字、数据建立起相关的数据模型，进行统一处理、分析、应用的过程。它不仅将现实世界与虚拟世界紧密连接起来，还把信息化与智能化完美结合，是一种提升效率、增强创新能力的有效途径。

数字化技术以其势不可挡的力量，深远地影响着人们的日常生活和职业领域。它通过互联网、大数据、人工智能、区块链等新一代信息技术的强大功能，对各类主体进行全面、系统性的变革。这些变革涵盖了企业战略、组织架构、运营管理、生产方式、营销策略等各个层面，使数字化技术不再仅仅解决降本增效的问题，而是成为推动组织模式创新和业务突破的核心力量。

数字化技术已经成为推动社会进步和经济发展的重要动力。它引领着产业升级与转型的方向，为传统产业插上"数字化"的翅膀，使其焕发新的生机与活力。同时，数字化也是一种实现价值创造与共享的重要平台，让每一个人、每一个组织都能从中受益，共同迈向更美好的未来。

1.1.2 数字化的发展

数字化的发展经历了三个关键过程，这三个过程不仅代表了数字化技术在不同历史阶段的发展，也展示了数字化技术对社会和经济产生的深远影响。

数字转换这个阶段始于 1954 年，主要是指利用数字化技术将信息从模拟格式转化为数字格式的过程。这个阶段可以类比为将纸上的计算转移到计算机进行计算的过程，其核心优势在于计算机具备了高计算能力、低错误率，以及可全天候工作的特点。数字转换作为数字化技术发展的基础，为后续的数字化和数字化转型提供了重要的技术支持。

进入 20 世纪 90 年代后，数字化成为主流发展趋势。其将数字化技术广泛应用于企业或组织的业务流程中，帮助企业实现管理优化的过程。这个阶段主要关注数字化技术如何集成和优化企业的业务流程，降低运营成本、提高工作效率以及增强企业的竞争力。其是数字化技术的具体应用，为企业带来了诸多实际价值。

数字化转型阶段是在 2012 年左右开始被广泛关注。这个阶段强调应用新一代数字技术，如云计算、大数据、人工智能等，重塑用户价值主张以及增强用户交互与协作。在这个阶段，企业需要更加关注新一代信息技术和数字要素的发展，同时根据企业自身数字化能力和发展战略，制定符合企业发展的数字化战略。数字化转型不仅是数字技术的创新，更是企业创造新产品、新服务、新模式和新生态的重要机会。

1.1.3　数字化的作用

数字化是将物理世界中的各种数据、信息、知识转化为数字格式，然后引入计算机内部进行进一步的处理、分析、存储和共享。这种转化过程使得我们可以更加便捷地识别、读取、传输和计算这些数据，从而更好地利用这些数字信息，提高工作效率和生活品质。数字化已经渗透到各个领域，例如制造业、零售业、金融业、教育业等，成为现代社会不可或缺的一部分。

（1）数字化存储和管理：通过将数据转化为数字格式，可以将其存储在计算机或云端，并且可以随时随地访问这些数据，避免了传统纸张存储造成的管理困难和损坏问题。同时，数字化数据还可以进行备份、加密、压缩等处理，提高数据的安全性和可靠性。

（2）信息共享和传播：数字化信息可以通过互联网和其他电子设备快速、准确和广泛地传播和共享，不再受时间和空间的限制。这种信息共享使得人们可以更加方便地获取和交流信息，提高了工作效率和生活品质。

（3）自动化和智能化：数字化使得各种设备和系统的自动化和智能化变得更加容易，提高了工作效率和生活质量。设备和系统可以根据数据分析结果进行自动调整和优化运行状态，使得人们的生活变得更加便捷和高效。

（4）便利和效率：数字化使得人们可以随时随地享受各种服务和娱乐，不再受时间和空间的限制。同时，数字化也使得人们可以更加方便地管理自己的时间和精力，提高工作效率和生活品质。

（5）创新和价值：数字化使得人们可以利用新一代信息技术（如云计算、大数据、人工智能等），创造新的产品、服务、模式、生态等。这种创新可以带来更多的商机和就业机会，提升社会进步和经济发展。

数字化的用途已经融入现代社会的方方面面，成为日常生活不可或缺的部分。无论是社交媒体、在线购物、电子支付还是智能家居等，数字化技术的应用已经深入到各个领域，改变了人们的生活方式和工作方式。将现实世界与虚拟世界相连接，是一种将信息化与智能化相结合的手段，是一种提升效率与创新能力的途径。随着技术的不断进步和应用场景的不断扩展，数字化将在更多的领域发挥作用，给工作和生活带来更多的便利和效益。

1.1.4　数字化的意义

数字化是一种极具颠覆性的力量，它正在对传统的经济产业结构进行深刻的改造。它通过提供海量的数据和信息，帮助企业分析和解决问题，同时通过高度互联的网络和智能设备，改变了我们的生产方式和生活方式。数字化技术不仅让企业能够更加灵活地适应市场变化和消费者需求，同时也对价值观念产生了深远的影响。

我国"互联网+"行动计划的实施，为传统企业提供了新的机遇和挑战。

在数字化时代，信息的传播范围和速度得到了极大的扩展，使得传统企业能够更好地与互联网企业进行竞争。同时，数字化也为企业提供了更多的机会和可能性，帮助它们不断创新和发展。

数字化也将新的思维方式融入企业运营中。数字化时代的企业将更加注重跨部门协作和团队沟通，打破原有的等级观念，鼓励员工创新和团队协作。同时，数字化也将改变企业的决策方式，通过敏捷、迅速的数据处理技术，可以快速地做出明智的决策，提高工作效率和质量。此外，数字化还将改变企业的关注点，从只关注自身的利益转向关注整个生态系统的利益，更加注重用户体验和满意度，以实现更长远的发展。

总之，数字化是当前社会最具有前瞻性和颠覆性的力量之一，数字化转型已成为企业未来发展的必由之路。在数字化时代，我们需要不断创新和发展，不断探索数字化的新方向和新应用，适应数字化时代的要求和挑战，并为构建数字化社会、数字化经济和数字化文化做出贡献。

1.2 电力数字化建设概述

1.2.1 电力数字化

电力数字化是一种具有革命性的创新，它充分利用了新一代信息技术，打造了一个全面、系统的数据闭环系统。这个系统涵盖了数据的采集、传输、存储、处理以及反馈等各个环节，形成了一个完善的数字化生态链。通过电力数字化，能够精确地追踪和记录电力生产、传输和消费的每一个过程，从而实现对电力资源的合理调配和利用，避免浪费。

电力数字化转型打破了不同层级与不同行业间的数据壁垒，将电力行业的各个领域和各个环节都纳入这个数字化的框架内。这样，电力行业整体的运行效率得到了显著提升，而这也意味着正在构建一个全新的数字体系，为电力行业的未来发展提供了强大的支持。

在电力数字化转型的过程中，需要对电力行业的各个环节进行深入分析和理解，找出其中的痛点和不足。然后，可以通过数字化技术对这些问题进行精确的定位和解决。例如，可以通过数据分析和预测来优化电力生产计划，提高电力供应的稳定性和可靠性；也可以通过智能化的监控和管理系统来提高电力传输的效率和安全性，减少电力损耗。

同时，电力数字化转型也需要进行全面的规划和实施。这不仅包括前期的准备工作，如制定数字化战略、培训员工等，还包括中期的实施工作，如建设数字化设施、整合数据等，以及后期的评估和优化工作，如对数字化效果进行全面的评估和改进。

总的来说，电力数字化是一种具有深远影响的创新，它不仅改变了电力行业的运行模式和效率，也为我们构建一个更加智能、高效、环保的电力体系提供了强大的支持。通过持续推动电力数字化转型，将能够更好地满足社会和人民对电力日益增长的需求，为推动社会的可持续发展做出更大的贡献。

1.2.2　电力数字化建设的发展

电力系统是一种典型的数字化系统，它从诞生之日起就一直在利用数字技术推动其数字化进程。从最初的布尔代数和继电器应用，到电子管、晶体管、大规模集成电路，再到后来的电子计算机和网络技术，直至当今的"云大物移智"等新一代数字技术，均一出现就很快被运用于电力系统生产运营实践。

结合数字技术发展进程和其与电力系统的融合模式，电力数字化发展分为物理系统、信息物理系统和社会信息物理系统 3 个阶段。结合数字技术发展进程和其与电力系统的融合模式，可以将电力数字化发展分为以下三个阶段：

1. 电力物理系统

这是电力系统最初的阶段，主要依靠物理设备和人工操作来实现电力生产、输配和消费。数字技术在这个阶段主要用于辅助计算和控制，如继电器、电子管等。

19 世纪中叶，电磁现象的发现和相关技术的发明，加之工业化进程对能源动力的强烈需求，19 世纪末 20 世纪初电力工业应运而生。

直到 20 世纪 60 年代，电力系统呈现出交流输电占主导、输电电压较低、电网规模小等特征。此阶段对应于以硬件布线承载数字逻辑的发展阶段，基于数字逻辑实现了早期电力系统的继电保护功能，实现了初步的自动化。

设备信息从前主要以台账、定值单、运行记录等进行手工记录和传递，业务信息以纸质文件进行人工传递，存在效率低下、修改困难、难以保存、沟通成本高、易产生偏差、运行状态掌握不及时、不精细、信息不对称等诸多弊端。此阶段，电力数字化以继电保护和简单自动装置应用为主要标志，呈现出物理系统自动化的雏形。

20 世纪 70 年代，单体软件开始在电力系统得到应用，例如，绘图软件应用促进了电网绘图效率和精度提升，且易于修改、便于存储；又如，计算机技术发展改变了电网计算业务形态，电网计算从使用传统的计算尺、晶体管计算机到微机、小型机等，计算效率大幅提升。这一阶段，信息空间与物理世界、人类社会的互动较弱，离线系统和运行系统技术边界的相互独立性高，电力系统主要呈现出其物理系统属性。

2. 电力信息物理系统

这是电力系统发展的中间阶段，主要依靠信息技术和通信技术来实现电力系统的监测、控制和优化。数字技术在这个阶段主要用于数据采集、传输、存储和处理，如晶体管、集成电路、计算机、网络等。

20 世纪 60~90 年代，电力系统规模快速扩大，逐步形成了以大机组、超高压输电和电网互联为主要技术经济特征的大型互联电力系统。如 1981 年，我国首条 500kV 交流输电通道河南平顶山至湖北武昌工程投产，这标志着我国电网正式迈入 500kV 超高压时代；1985 年，我国第一台 0.6GW 火力发电机组投产运行，标志着我国电源迈入中大型机组时代。

此阶段正值数字技术从单机应用逐步向计算机网络应用发展的阶段，电力企业计算机应用从离线系统向在线系统发展，极大地促进了电力系统自动化水平和生产运营效率提升，电力数字化表征为信息物理系统形态，信息空间与物理世界、人类社会的互动不断增强。

3. 社会信息物理系统

这是电力系统发展的最高阶段，主要依靠互联网技术和人工智能技术来实现电力系统的智能化、协同化和社会化。数字技术在这个阶段主要用于数据分析、决策和反馈，如云计算、大数据、物联网、人工智能等。

在电力数字化的进程中，随着社会传感器技术发展进步，社会传感器网络实现了社会系统和信息系统的高效连接，"社会＋物理系统"等价地映射到数字系统中，信息空间与物理世界、人类社会的互动更为全面、实时。这意味着电力系统不仅与自然环境、设备状态、用户需求等物理因素相互作用，还与社会舆情、政策法规、市场竞争等社会因素相互影响。电力数字化使得电力系统能够感知、分析、响应和适应这些复杂的内外部环境变化，提高电力系统的智能化水平。

电力数字化发展进入数字电网发展阶段，互联网技术与"云大物移智"等新一代数字技术快速崛起并融合发展，信息社会发展进入"大机器"时代。云计算、大数据、物联网、移动互联网、人工智能等技术为数字电网提供了强大的计算能力、数据资源、连接手段、移动平台和智能支持。数字电网将电力系统与信息系统紧密结合，构建了一个覆盖全球的巨型网络系统，实现了电力资源的优化配置、电力服务的创新模式、电力管理的协同效应和电力安全的保障机制。

每个阶段都有其特点和优势，但也有其局限和挑战。需要不断地探索和创新，利用数字技术提高电力系统的效率、安全和可靠性，满足社会的需求和期待，并为构建绿色、低碳、智慧的能源体系作出贡献。

1.2.3　电力数字化建设的作用

电力数字化建设是借助前沿的信息技术工具和数字化的管理手段，对电力系统实施全面的信息化转型升级，以提升电力系统的运行效率、安全性能和稳定性。随着科技的不断发展和电力行业的持续进步，电力数字化建设已成为电力行业发展的一大必然趋势。以下是电力数字化建设的重要作用及其对电力行业的影响。

电力数字化实现实体电网拓扑网架、技术参数、运行机理等的全面精准映射，同时动态呈现电网运行情况、设备状态、客户状态、环境要素、业务活动等信息，全面反映电网的历史、现状和规划等各时间尺度的情况。这种能力有利于提高电网的可视化和透明化，增强电网的监测和预警能力，及时发现和处理异常情况，确保电网的稳定运行。实现面向电网全环节以及业务全过程的计算推演，全面提升精准掌握与预测电力系统运行和经营管理状态的能力。通过统筹全域资源，形成全局最优的系统调节和业务执行策略。这有利于提高电网的智能化和优化，增强电网的调度和控制能力，实现资源的高效利用，提升电网的经济效益。能够利用数字空间广泛连接、实时共享的优势，优化传统电网业务流程和管理模式，打破传统电网各环节管理和业务壁垒，促进协调融合，实现端到端流程闭环，进而在更深层次推动质量和效率的提升。这有助于提高电网的协同化和社会化，增强电网的服务和创新能力，满足客户的多样化需求，提升客户的满意度。能够融合应用人工智能等数字技术，洞察潜在运行规律，实现数字电网和实体电网双向实时交互，并基于实体电网实际运行情况持续迭代和智能优化。这有助于提高电网的自适应性和可持续性，增强电网的学习和改进能力，实现电网的持续发展。在电力数字化建设的过程中，数据是至关重要的元素。通过对海量数据的收集、分析和挖掘，可以实现以下关键功能：

（1）预防性维护：通过收集设备运行数据，能够实时了解设备的工作状态，预测可能出现的问题。这样，可以提前采取措施进行维护，避免设备在生产过程中出现停机情况。

（2）优化能源消耗：通过分析能源消耗数据，可以找出能源消耗的重点区域和环节，针对性地采取节能措施。同时，实时监测能源使用情况，避免浪费。

（3）提升运营效率：通过对运营数据的分析，可以找出制约运营效率的瓶颈，例如物流不畅、供需不匹配等问题，并采取有效措施进行改善。

（4）支持决策：通过对历史数据的分析和挖掘，可以为企业决策者提供有力支持，例如市场趋势预测、政策影响评估等。

（5）服务升级：通过对用户数据的收集和分析，可以更加精准地了解用户需求，提供个性化服务。同时，通过数据反馈，可以不断提升服务质量。

在实施电力数字化建设过程中，还需要关注以下几点：

（1）数据安全：由于涉及大量敏感数据，必须采取严格的数据安全措施，包括数据加密、访问控制等，确保数据不被非法获取和使用。

（2）数据质量：要保证数据的准确性、完整性和一致性，否则将会影响数据分析的可靠性。

（3）数据治理：建立数据治理体系，明确数据的所有权、管理权和使用权，规范数据的使用和操作流程。

（4）人才培养：加强数字化人才培养，包括数据分析、数据安全等专业领域，以满足数字化建设的需求。

（5）持续改进：根据实际情况和需求变化，持续优化和改进数字化建设方案，以保持其适应性和有效性。

通过以上措施的有效实施，电力数字化建设将会取得更加显著的成果，为企业的持续发展和竞争优势打下坚实基础。

1.2.4 电力数字化的意义

推进数字电网建设可以实现电网全环节、生产全过程数字化，将新一代数字技术作为破解电网技术、管理与发展难题的关键途径，支撑安全、可靠、绿色、高效的电网建设运营，促进能源产业链优化整合和能源生态系统形成。

　　在这个过程中，数字技术的应用可以帮助实现电网的智能化、自适应和弹性响应，从而更好地适应不断变化的能源需求和供应环境。数字技术的引入还可以提高电网的可靠性和稳定性，降低运营成本和风险，并提高能源利用效率。

　　数字电网的建设也将促进能源产业链的优化整合和能源生态系统的形成。数字技术的应用可以实现能源资源的协同调度和优化配置，提高能源生产和使用效率，推动能源转型和升级。同时，数字电网也可以为能源消费者提供更加智能、便捷、安全和可靠的服务，推动能源消费模式的升级和创新。

　　数字电网建设是未来能源发展的必然趋势，是实现能源高质量发展、建设现代化能源体系的关键途径。在未来的发展中，需要进一步加强数字技术的研发和应用，完善数字电网的规划和建设，推动数字电网与其他领域的深度融合和创新发展。

1. 建设电力数字化，落实数字中国战略责任担当

　　建设电力数字化是推动中国式现代化进程的重要举措，也是构筑国家竞争新优势的有力支撑。为了实现这一战略目标，需要全面推进数字技术在能源电力领域的融合创新应用，强化数字技术在能源电力领域的融合创新应用，推进电网数字化转型。

　　《数字中国建设整体布局规划》是党中央、国务院联合印发的，明确提出了建设数字中国是推进中国式现代化的重要引擎和构筑国家竞争新优势的有力支撑。这份重要文件为数字中国建设指明了方向，提出了明确的要求和目标。

　　电网是连接能源生产和消费的重要桥梁，是关系国计民生和国家能源安全的重要基础设施。因此，电网数字化转型是数字中国建设的重要内容之一。这不仅是推进中国式现代化的重要举措，更是构筑国家竞争新优势的有

力支撑。

为了实现电网数字化转型，需要进行全面的数字电网建设，不断强化数字技术在能源电力领域的融合创新应用。这需要不断探索新的技术应用，创新管理模式和服务模式，提高能源电力行业的数字化水平。只有这样，才能更好地融入数字中国建设，服务国家数字经济发展。

2. 建设电力数字化，支撑电力可靠供应，保障能源安全

习近平总书记曾明确指出，能源安全是国家安全的重要组成部分，是经济社会稳定发展的重要保障。电力作为能源的重要组成部分，其安全性直接关系到国家经济社会的发展和人民的生活。为了保障能源安全，必须加强电力数字化建设，以支撑电力可靠供应，确保能源安全。

电力数字化建设是指利用信息技术手段，将电力生产、传输、使用等各个环节进行数字化改造，以提高电力系统的运行效率、安全性和可靠性。通过数字化技术，可以对电力系统的运行状态进行实时监测和数据分析，实现对电力系统的精细化管理。在电力数字化建设的基础上，可以构建数字电网，将电力系统的各个环节有机地连接在一起，实现全环节可观可测、可调可控。

数字电网是一种以数字化技术为基础的智能电网，可以实现电力系统的全面数字化改造。通过数字电网的建设，可以增强电网的气候弹性、安全韧性、调节柔性，有效化解新型电力系统面临的"不确定性"风险。例如，数字电网可以通过对新能源发电的实时监测和分析，预测其发电量和影响因素，有效解决新能源发电的随机性问题；同时，数字电网可以通过对电力负荷的实时监测和数据分析，预测其尖峰化趋势，有效应对电力负荷的波动性问题。

电力数字化建设是保障能源安全的重要举措，数字电网是电力数字化建设的重要成果。通过数字电网的建设，可以全面提升电力系统的数字化水平，有效应对新能源发电和电力负荷的"不确定性"因素影响，为电力保供和能源安全提供有力支撑。

3. 建设电力数字化，支撑新型电力系统构建

国家电网公司始终高度重视数字化工作，并将其作为推动电网转型升级和企业创新发展的重要手段。在过去的三个五年发展期中，国家电网公司通过不懈努力，建成了领先的企业级信息系统，其核心业务也基本实现了线上化。随着能源与数字的深度融合，新业务、新业态、新模式在该领域内不断涌现，呈现出一片生机勃勃的景象。

面向未来，国家电网公司已确立了"建设具有中国特色国际领先的能源互联网企业"的战略目标，以及"一体四翼"的发展布局。在这一框架下，国家电网公司将重点推动数字化转型，通过数字技术实现电网智能化升级和企业数字化转型。为实现这一目标，国家电网公司将运用数字技术，坚持"全要素发力"，推进全业务、全环节的数字化转型。这不仅有助于提高电网的高效率运行，还有利于推动公司高质量发展，实现服务高品质供应。

4. 建设县域数字化，促进区域协调发展

县域数字化是指将县级行政区划内政务服务、公共服务和社会服务等各种服务资源实现数字化转型，通过互联网、大数据、人工智能等技术手段，实现智慧政务、智慧城市、智慧农村等领域的全面升级。这种数字化转型可以极大地提高各种服务资源的利用效率和提供质量，进一步优化资源配置，提升社会管理和公共服务水平。

建设县域数字化是实现区域协调发展的重要手段，旨在促进农村信息化、城乡融合和数字经济的发展，支持"数字中国"战略落地。通过县域数字化，可以加速农村地区的信息化进程，缩小城乡差距，推动城乡资源共享和深度融合，从而实现区域经济的协调发展。

县域数字化可以帮助农村改善基础设施和公共服务水平，提高当地居民生活质量。数字化技术可以实现对农村地区基础设施的智能化管理，提高基础设施的使用效率和管理水平；同时，也可以通过互联网等手段，为农民提

供更为便捷、高效的公共服务，如医疗、教育、文化等，从而极大地改善当地居民的生活质量。

县域数字化可以消除城乡数字鸿沟，实现城乡资源共享和深度融合。由于数字化技术可以实现各种资源的在线共享和调配，从而使得城乡之间的资源得以更好地流通和共享，消除城乡之间的数字鸿沟。

县域数字化可以实现政务服务的数字化、在线化和自助化，提升政府效能和服务水平。数字化技术可以实现政务服务的智能化管理和在线办理，从而使得民众可以更加方便快捷地获取政务服务，提高政府效能和服务水平，进一步推动社会的发展。

5. 进行业数融合，加速企业数字化转型

在进行业数融合以加速企业数字化转型的过程中，需要依据数字化转型发展需求，对组织机构和业务管控模式进行调整和优化。这可能涉及对业务流程的再造和优化，以消除传统管理模式下的业务断点，实现源端业务的协同和数据的共享。这种协同和共享不仅有助于提高企业内部的工作效率，更可以提升企业的整体竞争力。

在这个过程中，人才的培养和支持是至关重要的。数字化转型不是一蹴而就的过程，需要有一支适应数字化转型的战略管理、业务和技术等方面的人才队伍作为支撑。这支队伍的成员需要具备高超的技能和敏锐的洞察力，以便在数字化转型的道路上引领企业前进。为了实现这一目标，企业需要积极开展员工培训，提升员工的数字化思维和素质，激发基层员工的活力和创造力。

强大的技术平台也是实现业数融合的关键因素。企业需要积极利用云计算、大数据、人工智能等技术，构建统一的数据平台和服务体系。这个平台可以实现数据的采集、清洗、整合、挖掘、应用等全流程管理，从而使得数据能够更好地被利用，发挥出更大的价值。通过数字化技术的深度融合，企业可以大幅提升工作效率和质量，同时也可以更好地满足客户需求，提升企

业的市场竞争力。

同时，还需要注重业务数据的融合和分析。通过对海量数据的分析和挖掘，企业可以发现隐藏在数据背后的规律和趋势，从而更好地指导业务决策。同时，通过对数据的深度分析和应用，企业还可以开发出新的业务模式和商业机会，从而推动企业的持续发展和创新。

业数融合是加速企业数字化转型的关键所在。通过深度融合数字化技术和业务模式，企业可以实现业务的数字化转型，提高工作效率和质量，同时也可以更好地满足客户需求，提升企业的市场竞争力。在这个过程中，企业需要注重人才培养和技术平台的构建，以支撑数字化转型的顺利进行。只有这样，企业才能够在数字化时代立于不败之地。

6. 建设电力数字化，为基层减负赋能

电力数字化是国家电网有限公司（以下简称国网公司）转型发展的必经之路，也是为基层减负的重要举措。通过采用自动化、智能化手段，减轻基层员工的负担和压力，提高工作效率和质量。为了实现电力数字化赋能减负增效的目标，需要及时推广应用成熟经验，不断深化应用数字化新技术，推动数字化新技术在基层落地生效。在此基础上，以问题为导向，解决基层工作中实际存在的问题，让基层员工真正参与到公司数字化转型中去，积极推进"全地区、全专业"数字化建设。

通过多维度的数字化手段，为基层减负提效提供便利，提高基层数字化水平。同时，还要不断提升基层员工的数字化新技术"获得感"和"幸福感"。例如，利用移动作业平台，可以简化工作流程和手续，减少现场作业时间和人员数量；利用智能安全帽，可以实时监测作业人员的身体状况和周围环境，预防和避免安全事故的发生；利用人工智能，可以分析和优化数据，提供更精准和高效的决策支持。

除此之外，数字化新技术的应用还能够帮助基层员工解决实际工作中的问题。例如，利用无人机巡检技术，可以减轻基层员工的工作强度和压力，

提高巡检效率和准确度；利用智能语音识别技术，可以快速准确地记录巡检结果和故障处理情况，提高工作效率和质量；利用可视化数据分析技术，可以对海量数据进行快速处理和分析，提供更精准的决策支持。

综上所述，电力数字化建设是国网公司转型发展的重要方向，也是为基层减负的有效途径。通过多维度的数字化手段和技术的应用，为基层减负提效提供便利，提高基层数字化水平。同时，应持续加强基层员工数字化新技术应用能力的提升，以增强"获得感"和"幸福感"，让基层员工感受到数字化转型带来的实实在在的好处和改善。

1.3　电力县级企业数字化建设概述

1.3.1　电力县级企业数字化建设

电力县级企业数字化建设不仅是新时代的创新之举，更是提高县域经济发展水平、推动县域社会现代化、提高群众生产生活水平的重要手段。县域作为国家经济的基本单元和重要组成部分，电力县级企业发展兴衰关系全局。

电力县级企业数字化建设是利用现代信息技术对电力县级企业进行全方位的改造和建设，旨在提升县域整体的经济、社会、民生等各个方面的水平。在建设数字化基础设施方面，需要加强宽带网络、数据中心和物联网等领域的发展，以提供更加高速、稳定、安全的信息服务。

在推动数字产业发展方面，需要积极培育电子商务、数字农业和数字旅游等新兴产业，以创造更多的经济增长点和就业机会。同时，数字化技术还可以促进产业升级，通过引进智能制造、智慧物流和智能农机等技术手段来提高产业效率和质量。

除此之外，数字化技术也可以被广泛应用于各种公共服务领域，如智慧教育、智慧医疗和智慧政务等，以提高公共服务水平和便民惠民程度。

总的来说，电力县级企业数字化建设是新时代的创新举措，也是提高县域经济发展水平、推动县域社会现代化和增强群众生产生活水平的重要途径。

县域作为国家经济的基本单元和重要组成部分，数字化建设的成功与否直接关系到国家整体的经济发展和现代化进程。因此，应该高度重视电力县级企业数字化建设，积极推动其发展，为实现县域全面发展作出贡献。

1.3.2　电力县级企业数字化建设的发展

2020 年 5 月，国家发展改革委印发了《国家发展改革委关于加快开展县城城镇化补短板强弱项工作的通知》（发改规划〔2020〕831 号）（以下简称《通知》）。该《通知》提出，推进县城城镇化建设，补足其短板和强化弱项，并明确提出了县城城镇化补短板强弱项建设领域的相关内容。其中，最重要的一个方面是围绕县城智慧化改造，以提升县城的智慧化水平为目标进行改造。这意味着需要加强信息基础设施建设，推动大数据、人工智能等新一代信息技术与县城治理和服务深度融合。

同时，该《通知》还提出了完善产业平台配套设施的要求。这意味着需要加强产业支撑体系和创新创业平台建设，为县域内的企业和创业者提供更好的环境和条件，促进产业集聚和转型升级。这些措施的实施将有助于提升县城的整体竞争力，促进区域经济协调发展。

2022 年 5 月，中共中央办公厅和国务院办公厅联合发布《关于推进以县城为重要载体的城镇化建设的意见》（以下简称《意见》）。《意见》明确提出，要推进以县城为重要载体的城镇化建设，进一步推动中国经济和社会的发展。其中，建设新型基础设施和智慧县城是其中的重要内容。

在建设新型基础设施方面，《意见》强调了发展第五代移动通信网络的重要性。第五代移动通信网络是当前全球通信领域最先进的技术之一，具有高速、低延迟、大容量等特点，能够满足人们在生活和工作中对通信的需求。通过规模化部署第五代移动通信网络，可以进一步提升县城的信息化水平，促进经济的快速发展。

同时，《意见》还提出要建设高速光纤宽带网络。光纤是一种传输速度更快、容量更大、稳定性更强的通信介质，能够为县城提供更加稳定、高速的互联网接入服务。通过推行县城运行一网统管，促进市政公用设施及建筑等物联网应用、智能化改造，可以进一步提高县城的运行效率和管理水平。

在政务服务方面，《意见》提出要推行政务服务一网通办。通过一网通办，可以提供工商、税务、证照证明、行政许可等办事便利。这将大大简化办事流程，提高办事效率，使企业和居民更加方便、快捷地办理各种事务。

此外，《意见》还提出要推行公共服务一网通享。通过一网通享，可以促进学校、医院、图书馆等资源数字化。这意味着，无论身处何地，只要能够接入互联网，就能够享受到各种公共服务。这将进一步促进县城的均衡发展，提高居民的生活质量。总之，《意见》的出台，为推动中国以县城为重要载体的城镇化建设提供了强有力的政策支持。此举将有利于提高县城的信息化水平、提升县城的运行效率和管理水平、优化政务服务和公共服务的供给、推进经济和社会的发展等。期待在政策引导和推动下，中国各县城能够积极推进城镇化建设，实现经济、社会和文化的全面发展。

我国电力县级企业数字化建设起步较晚，主要是受限于市场、人才和政策等多方面因素的制约。然而，随着信息技术的不断发展和应用，电力县级企业数字化建设逐渐迎来了快速发展的阶段。在新技术的推动下，数字技术与地方经济、社会文化深度融合，不断推动着地方产业升级与创新发展。因此，电力县级企业数字化建设在当前信息技术迅速发展的时代背景下，已成为全国各个地方政府高度关注和推进的重要方向。

近年来，"互联网+"、大数据、人工智能等新技术的不断涌现和广泛应用，为电力县级企业数字化建设提供了强有力的支撑。这些技术的应用，不仅提升了地方政府的治理能力和服务水平，也为地方产业升级与创新发展注入了新的动力。通过数字技术与地方经济、社会文化的深度融合，地方政府可以更好地推动产业升级、促进就业创业、改善民生福祉等方面的工作。

在电力县级企业数字化建设方面，地方政府还需要注重市场和人才因素的影响。市场和人才因素往往是制约电力县级企业数字化建设的重要因素之一。因此，地方政府需要加强市场调研和人才培养，制定出符合当地实际情况的数字化建设方案，并积极引导和支持企业、高校、科研机构等各方力量共同参与数字化建设。

除此之外，政策因素也是影响电力县级企业数字化建设的重要因素之一。政府需要制定出有利于数字化建设的政策措施，营造良好的数字化生态环境，促进数字技术与地方经济、社会文化的深度融合。例如，政府可以加大对数字化建设的投入力度，推动数字化基础设施建设，鼓励企业进行技术创新和数字化转型等方面的工作。

总之，随着信息技术的迅速发展和新技术的广泛应用，电力县级企业数字化建设已成为全国各个地方政府高度关注和推进的方向。通过数字技术与地方经济、社会文化的深度融合，地方政府可以更好地推动产业升级、促进就业创业、改善民生福祉等方面的工作。要想进一步推动电力县级企业数字化建设，需要注重市场和人才因素的影响，并制定出符合当地实际情况的数字化建设方案，同时政府也需要制定出有利于数字化建设的政策措施，营造良好的数字化生态环境。

1.3.3　电力县级企业数字化建设的现状

在一些地区，电力县级企业数字化建设已经取得了令人瞩目的成就。这些地区在数字化基础设施建设方面不遗余力，不仅高速宽带网络覆盖全域，数据中心建设完备且领先，云计算等新技术也得到了广泛应用。数字产业发展也十分突出，孕育了一批具有竞争力的数字经济企业和创新型企业。数字化服务和应用也普及深入，电子政务、数字农业、数字教育、数字医疗等领域的应用取得了显著效果。

也有一些地区在电力县级企业数字化建设方面遭遇了不少困难和挑战。一方面，基础设施建设相对滞后，高速网络覆盖不够，数据中心建设不尽完善，制约了数字化应用的推广和发展。另一方面，数字产业发展相对薄弱，缺少具有竞争力的数字经济企业和创新型企业。数字化服务和应用的普及度较低，电子政务、数字农业、数字教育、数字医疗等领域的应用推广较为艰难。

电力县级企业数字化建设是一项长期的系统工程，还面临着一些共性问题。数字化人才短缺是其中之一，由于缺乏高素质的数字化人才，一些地区的电力县级企业数字化建设面临着人才短缺的困境。此外，安全风险和隐私问题也是不容忽视的，电力县级企业数字化建设涉及大量的个人信息和企业机密，如果安全保障不到位，将给个人和企业带来不可预测的损失。政策法规不完善也是电力县级企业数字化建设面临的一个问题，数字化建设的规范化和标准化需要不断完善和更新，以适应快速变化的数字化环境。

为了解决这些问题，需要政府加大投入和政策支持，加强人才培养和引进，加强安全保障和隐私保护，完善相关法规和标准。同时，也需要各地根据本地区的实际情况，积极探索适合自己的电力县级企业数字化建设路径，促进电力县级企业数字化建设的全面发展。一些地方已经探索出了一条适合自己的数字化发展道路，通过引进优秀的数字化企业和人才，推动数字化技术和应用的普及与创新。同时，政府也加大了对数字化建设的投入和支持，推动数字化产业的发展和升级。

1.3.4 电力县级企业数字化建设的意义及作用

电力县级企业数字化建设指的是利用一系列现代科技手段，例如大数据、人工智能、云计算等，对电力县级企业内的电力系统进行数字化升级和智能化改造。这些先进的技术可以帮助电力行业实现电力运行的智能化、高效化和可持续发展。通过电力县级企业数字化建设，能够实现对电力生产、传输、分配和使用等各个环节的智能化管理和监控，提高电力系统的运行效率和可靠性，降低供电成本，优化调度管理，提升服务水平。

电力县级企业数字化建设还具有极其重要的战略意义，不仅对推动企业事业的发展起着关键作用，同时也对新型城镇化建设的推动具有举足轻重的地位。通过数字化实现，电力县级企业可以运用数据分析、人工智能等技术手段，对电力生产、传输、分配等环节进行优化，从而提高供电效率，减少能源浪费，更好地服务社会和民众。

数字化转型可以显著提升企业的运营效率，优化服务流程，提高服务质量。通过运用数据分析，企业可以更精准地了解用户需求，提供个性化的服务方案，从而增强用户满意度。此外，数字化建设还有助于推动企业的创新发展，拓展新的业务领域，提升企业的市场竞争力。

在推动新型城镇化建设方面，电力县级企业数字化建设的作用同样不可忽视。数字化建设有助于促进城乡一体化发展，推动农村地区的信息化水平提升，助力农村产业升级和经济发展。同时，数字化建设还能有效改善当地居民的生活质量，满足民众对于便捷、高效、安全的生活需求，展现出强烈的社会责任感和积极的贡献。

在未来的发展中，应进一步加大数字化建设的力度，优化资源配置，提高供电效率，推动当地信息化水平的提升，为民众生活带来更多便利。同时，要加强数字化安全管理，确保电力县级企业数字化建设的可持续发展。

为了推进电力县级企业数字化建设这项工程，需要政府加强引导，企业加大投入，社会各界共同参与，形成合力，实现共赢。政府可以出台相关政策鼓励和支持数字化建设，提供资金支持和技术培训；企业则需要引进先进的技术和设备，培养数字化人才，加强科技创新和研发；社会各界可以积极参与相关建设和培训活动，提高数字化技术的应用范围和应用水平。

2

电力县级企业数字化建设目标及思路

2.1 电力县级企业数字化建设目标

电力县级企业数字化建设严格遵循国家电网数字化转型发展的战略指导，以实现电网一张图、数据一个源、业务一条线、应用一平台、作业一终端的"五个一"建设目标为核心任务。在本质上是运用先进数字技术，以数据要素及数字平台为基础，将物理空间实体电网的拓扑网架、运行状态、设备参数、环境要素以及企业经营管理业务活动等信息在数字空间进行动态呈现，并基于强大的"算力""数力"和"智力"，在数字空间开展计算推演、智能决策和互动调节，实现精准反映、全域计算、深度协同、智慧互动、高效运营，推进能源互联网企业建设。在范围上包括对实体电网的感知控制与分析计算、企业经营管理、客户优质服务，系统包含生产控制大区、管理信息大区和互联网大区"三区"，以及数据的"四层"——采、传、存、用。在价值上实现数据流、能量流、业务流、价值流的多流合一，推动企业生产经营管理业务在数字空间开展和贯通，打破时空界限，全面提升实体电网的可观可测、可调可控水平，全面提升企业业务的管控力、协同力和决策力，推动实现电网功能形态、管理服务模式、生产作业方式、企业治理体系等全方位优化。公司数字化转型是数字中国建设的重要组成部分，是新型能源体系建设的重要内容，是新型电力系统建设的重要载体和支撑，是向能源互联网企业升级的重要举措。这一战略方向紧密围绕着国家电网的数字化转型，通过数字化技术提升电网的运行效率和管理效能，实现电网的高效、安全、稳定运行。

为实现"五个一"的建设目标，电力县级企业数字化建设将从电网、数据、业务、应用、作业等五个方面进行全面优化和升级。首先，通过数字化技术实现电网的一张图，将电网的各个环节进行可视化展示，提高电网的运行效率和安全性。其次，通过数字化技术实现数据的一个源，将电网运行中的各种数据进行集中存储和管理，保证数据的准确性和可靠性。第三，通过数字化技术实现业务的一条线，将各项业务流程进行优化和整合，提高业务的协同效率和响应速度。第四，通过数字化技术实现应用的一个平台，构建统一的数字化平台，为各种业务应用提供支持和服务。最后，通过数字化技术实现作业的一个终端，利用移动终端设备进行现场作业和管理，提高作业的效率和安全性。

为了实现上述目标，电力县级企业数字化建设将从基层一线和管理提升两方面出发，推动县（区）供电公司的主动性、适应性、系统性转型升级。这种转型升级具备电网全息感知、数据全线贯通、平台全面支撑、作业模式便捷化、组织模式敏捷化、生产管理精益化、客户服务精准化等"三全四化"的主要特征。其中，电网全息感知是指对电网各个环节的状态进行实时监测和预警，保证电网的安全运行；数据全线贯通是指实现数据的全面共享和流通，提高数据的使用价值和效能；平台全面支撑是指构建数字化平台，为各项业务应用提供支持和服务；作业模式便捷化是指利用数字化技术简化现场作业和管理流程，提高作业的效率和安全性；组织模式敏捷化是指通过数字化技术优化组织架构和管理模式，提高组织的响应速度和灵活性；生产管理精益化是指通过数字化技术实现生产过程的精细化管理，提高生产效率和产品质量；客户服务精准化是指通过数字化技术提升客户服务水平，提高客户满意度和忠诚度。

通过以上的措施和方法，力争到"十四五"末，建成坚强可靠的"算力""数力"和"智力"基础设施，数据要素价值全面释放，人工智能在典型场景实现规模化应用，公司全业务在数字空间高效运转，基本实现"电网一张图、数据一个源、业务一条线、应用一平台、作业一终端"，驱动业务流程、管理模式、生产方式变革，基本实现物理电网和数字化支撑"同步规划、同步建设、同步投运、同步维护"，电网智慧运行、规划建设质效、设备精益管理、客户优质服务和经营高效管理水平全面跃升，全面提升电网气候弹性、安全韧性和调节柔性，有效支撑新型电力系统建设和公司高质量发展，有力推动电网向能源互联网、公司向能源互联网企业升级，助力世界一流企业建设，服务新型能源体系和数字中国战略落地。

（1）**电网一张图**。其是电力县级企业数字化建设的核心体现，它依托电网资源中台和 GIS3.0，将电力县级企业供电范围内的 10kV 及以下线路走径、设备台账及动态量测数据与物理电网数据信息保持一致。基于"电网一张图"及企业级实时量测中心，可以全面开展动态"电网一张图"构建，通过严格落实"图长制""数据主人制"，充分发挥各层级"图长"和"数据主人"工作职能，提高数据治理效率，做好动态"电网一张图"建设。

"电网一张图"是一种数字化技术，通过将电力县级企业供电范围内的线路走径、设备台账及动态量测数据等信息与物理电网数据信息保持一致，来实现对电网运行状态、设备信息等各类数据的实时监测和管理。这些数据可以通过电网资源中台和 GIS3.0 进行整合、分析和展示，帮助决策者更好地了解电力县级企业供电情况，及时做出决策部署。

在动态"电网一张图"构建方面，需要全面开展工作，通过将各类数据进行整合、分析和展示，实现各类数据的可视化呈现，帮助决策者更好地了解电网运行状态和设备信息等情况。同时，通过严格落实"图长制""数据主人制"，明确各层级"图长"和"数据主人"的职责和工作范围，提高数据治理效率，做好动态"电网一张图"建设。

（2）**数据一个源**。其是电力县级企业数字化建设的关键基础。在电力县级企业数字化建设的过程中，数据扮演着至关重要的角色。为了实现电力县级企业数字化建设的目标，必须首先解决数据的来源问题。因此，"数据一个源"的理念应运而生，它意味着数据的来源应该是一致的、准确的、可靠的，从而为电力县级企业数字化建设提供坚实的支持。

首先，加快配套系统中台化改造是实现"数据一个源"的关键步骤之一。在这个过程中，需要完成配电自动化、PMS3.0、GIS3.0系统的同源维护改造联调测试。这些系统的同源维护改造联调测试是为了确保这些系统之间的数据交互是准确无误的，从而避免数据不一致或数据混乱的情况出现。同时，还需要完成原系统在途工单办结和数据迁移，以保障数据的完整性和准确性。

其次，开展同源维护单轨上线运行应用也是实现"数据一个源"的重要举措之一。通过使用同源维护工具，可以实现全电压等级范围内电源、电网到用户"模型统一、资源汇集、同源维护、共建共享"。这种方式的优点在于，可以避免不同系统之间的数据不一致，提高数据的可靠性，同时还可以降低维护成本和提高工作效率。

第三，深入配电自动化图模建设也是实现"数据一个源"的重要步骤之一。在这个过程中，需要接入全部地市配置图模信息，从而保障数据的完整性和准确性。同时，还需要对图模进行实用化应用，以提高数据的可用性和可操作性。

第四，规范电子图模异动、维护等业务也是实现"数据一个源"的重要步骤之一。在这个过程中，需要各设备管辖班组、县（配）调按管辖范围开展图模异动及维护工作，以确保数据的准确性和一致性。同时，还需要制定相应的规范和标准，以保障数据的可靠性和可维护性。

最后，在配电自动化系统中关联接入营销用采系统配变数据也是实现"数据一个源"的重要步骤之一。在这个过程中，需要提升县（配）调测对配变感知能力，从而更好地掌握配变的数据和信息。同时，还需要营销用采系统与配电自动化系统配变数据贯通率至80%以上，以保障数据的准确性和一致性。

（3）**业务一条线**。其是电力县级企业数字化建设至关重要的内容之一。在加强现场作业安全管控环节，通过运用创新技术手段，如违章行为自动识别和现场安全布控球安装部署，能够显著提升现场作业的安全管理水平。

在推进"抓班组、控现场"以及"四个管住""四双"等安全管理要求的现场应用方面，通过不断优化安全生产风险管控平台的功能，将各项安全管理要求切实融入平台功能中，以数字化手段提升现场安全治理能力，从而更有针对性地指导现场实现标准化和规范作业，确保现场安全的良好态势。

同时，积极开展安全工器具室的推广部署工作，深化智能安全工器具的应用，并与风险监督平台实现联动，从而更加规范安全工器具的领用、现场使用及归还流程，确保安全工器具得到有效的管理和控制。

此外，成功推广应用了安全工器具试验管控平台，实现安全工器具实验流程的数字化，这为促进安全工器具全生命周期的动态管控提供了不可或缺的先决条件。

始终全面推广应用安全责任清单全过程管控模块，以严格的监督和评估机制确保安全责任的顺利履行，从而不断提升整体安全管理水平。

（4）应用一平台。其是电力县级企业数字化建设的重要载体，它整合了各种数字化工作台现有场景，并对不符合最新技术路线或实用程度不高的场景进行了下线或升级改造，是一座集成了现代化技术和智能化系统的重要枢纽。通过这个平台，数据统计及报表生成类应用的设计与建设得到了重点开展，从而帮助基层减轻了负担。

为了提升数字化工作台的效能，该平台还常态化地开展需求场景的收集与功能的开发。在这个过程中，系统的可用性和易用性得到了持续的优化，同时融合了营销智能管控功能应用，实现了县公司营销业务管控、工单流转和供电所综合业务统一纳管。

按照基础型、标准型、示范型等建设标准，该平台推动了供电所的系统性重塑和模式化变革。通过集成各专业供电所常用的系统，该平台实现了多系统一账号单点登录、跨系统数据共享的功能。

在数字化工作台中，发展专业指标的更新和统计得到了持续的关注。同时，数字化工作台三阶段推广相关考核指标在数字化工作台中得到了统筹计算和汇聚展示，逐步去除人工统计指标。

该平台以电网资源业务中台为核心，实现了电网资源业务中台、PMS、GIS 三方数据一致性核查。同时，在数字化工作台中定期公示相关数据和信息。

通过深化应用数字化供电所"一中心、四看板、六画像"，该平台实现了多工单、多指标、一平台展示预警的功能。这为管理看板与各项业务助手的建设提供了重要的平台基础，从而更好地支持各种业务运营和决策。

（5）作业一终端。其是电力县级企业数字化建设的基本需求，通过整合营配移动应用，基于"i 国网"开展掌上供服、勘察设计、营销标准化作业等营配专业移动作业 App 的推广应用，提升"165 工作法"内容覆盖，实现了故障抢修、充电设施管理、可开放容量申报等业务功能，推动了业务流程的优化和管理水平的提升。同时，推广智能手机、背夹、蓝牙打印机等台区经理外设"新三样"，现场完成停复电、装拆电表、采集调试、条码扫描等操作，实现了"作业一终端"的目标。

这一目标的实现，将进一步释放基层活力，促进基层一线减负增效，夯实公司数字化转型基础，提升国家电网电力管理水平，推动公司数字化转型迈入先进行列。通过这些措施的实施，可以更好地满足客户用电需求，提高电力服务效率和质量，为公司创造更大的价值。

此外，"五个一"建设目标的落地实施，也将会带来更多的商业机会和合作伙伴，推动公司的可持续发展。这些目标的实现将带来更多的数字化转型成果和经验，为公司的未来发展奠定更加坚实的基础。

2.2 电力县级企业数字化建设思路

遵从国家电网"分层分类"的数字化转型模式，以电力县级企业数字化发展为立足点，专注于解决基层班组的减负问题，激发基层活力，聚焦于当前电力县级企业数字化转型工作过程中遇到的实际问题，紧密围绕"五个一"的建设目标，遵循企业中台技术路线，为配网运维、经营管理、客户服务等业务赋能，以实现电力县级企业电网企业数字化转型的助力。

充分发挥公司数字化工作领导小组作用，加强对公司数字化转型的统筹协调、整体推进、督促落实。总部负责总体把控，各部门落实专业责任，细化本专业实施方案和配套措施，确保实现既定目标。各级单位要落实主体责任，充分发挥本单位数字化领导小组作用，细化落地措施，做好动员部署，强化资源整合、资金保障和力量协同，加强执行过程管控，确保公司数字化转型高质量推进。建立健全数字化转型统筹协调机制，及时研究解决跨专业、跨层级建设重大问题，形成横向协同、纵向联动的工作体系，抓好整体进度和重大任务的督促落实，加强全过程管理和项目归档。加强评价与考核，建立数字化转型问题通报和闭环整改、持续改进、考核评估等管控机制，将数字化转型情况纳入各级单位主要负责同志的关键业绩指标考核。因地制宜选取部分单位安排试点示范工程，鼓励各单位发挥自身优势和特色，聚焦实际问题、难点痛点，引导基层单位先行先试、主动创新、改进提升，推动业务流程、管理模式、作业方式和服务方式变革。坚持"一地创新、全网推广"，总结高价值、可推广、可复制的做法和经验，面向全公司推广应用，避免低水平重复建设。构建覆盖全员的数字素养培育体系，提升领导干部和各级员工的数字思维、数字素养和数字技能。强化核心系统核心平台自主研发建设与运维能力，发挥首席专家、直属产业单位及科研院所引领作用，持续锻造数字化专项团队，加快打造熟悉业务、精通数据、掌握技术的数字化专业队伍。建立适应数字化转型的人才培养方式，贯通数字化专业和各专业人才交叉培养通道，培养业数融合、术业专攻的复合型人才。

电力县级企业数字化建设按照"一年试点经验、两年复制推广、三年总结提升"的思路，全面落实"五个一"的建设目标，推动电力县级企业数字化建设的全面发展。在这个过程中，注重集中优势资源，打造数字化县公司样板。结合省情、网情、企情，以"可复制、可推广"的理念，选取资源优势的县公司率先开展数字化县公司试点建设，打造数字化县公司样板。

在试点建设成功后，以点串线、由线成面，全面推广数字化县公司成果。

考虑到两网融合、融合终端配置等因素，将数字化县公司试点建设成果分梯队、分批次推广至各电力县级供电公司。在这个过程中，坚持"可复制、可推广"的理念，以实现电力县级企业数字化建设的全面推广。

最终，将全面实现电力县级企业数字化建设，助力电力县级企业数字化转型。完成电力县级企业数字化建设推广任务后，将以电力县级企业数字化建设带动公司整体数字化转型，支撑公司"四个数字化"建设，助力公司"建设数字电力"愿景的实现。在这个过程中，不断探索和创新，以实现电力行业的数字化转型和升级。

3

电力县级企业数字化系统结构

3.1 电力县级企业数字化系统总体架构

国家电网有限公司已确立了"具有中国特色国际领先的能源互联网企业"的战略目标，这一目标为公司的数字化转型提供了根本遵循，同时也指明了公司未来发展的方向。在《国家电网有限公司"十四五"数字化规划》报告中，公司强调了数字化发展对于业务赋能的重要性，更加注重与能源互联网建设、公司运营发展的深度融合。这种数字化转型不仅将助力壮大新兴产业，更关注如何更好地服务基层一线与民生一线的需求。

国网陕西省电力有限公司（以下简称国网陕西公司）在数字技术的应用上进行了创新性的尝试。国网陕西公司提出了数字技术首要为一线服务的理念，并倡导自下而上推动管理变革的方式。在实施过程中，国网陕西公司聚焦于配用电感知、客户服务提升、基层减负等关键领域，坚持"需求导向、实用高效"的原则。按照"电网一张图、数据一个源、业务一条线、应用一平台、作业一终端"的"五个一"技术路线指引，国网陕西公司以解决基层需求为出发点，自下而上全面开展数字化县公司建设。这一建设工作不仅体现了国网陕西公司在数字化转型过程中的决心和实力，更展示了国网陕西公司在推动能源互联网建设和实现数字化转型方面的积极努力。图1所示为电力县级企业数字化建设总体结构。

图 1 电力县级企业数字化建设总体结构

3.2 电网一张图

融合 GIS 地图与 PMS、186 系统，梳理逻辑关系，迁移绘制供电区域全电压等级拓扑图。应用"站–线–变–箱–户"准确对应的"一张图"串联停电分析、调度指挥、客户报修、故障研判、业扩方案编制、线损管理等业务，强化发电、调度、运检、营销、财务、物资各专业系统间的流程贯通和信息共享，实现了"业务从图中来，结果到图中去"。

3.2.1 构建"电网一张图"

构建"电网一张图"是一项需要跨专业、跨部门协同工作的任务，需要整合不同业务系统的数据，以构建统一的电网模型。在全电压等级静态电网一张图的基础上，进一步拓展规划态、建设态，融合实时运行、三维空间、气象环境及业务活动等数据，形成具有"时间–空间–状态"多维度、多时态特征的电网全景视图，电网多时态数实一致率、状态及时同步率基本达到100%。这个过程涉及对大量数据的收集、整理、分析和存储，需要各个专业领域的专家和工程师共同参与，以确保数据的准确性和可靠性。同时，还需要采用最新的数字化和智能化技术，以提升电网的运行效率和管理水平。通过构建"电网一张图"，可以实现数据的共享和互通，使得各个部门之间的信息交流更加便捷和高效。同时，"电网一张图"的构建也可以促进电力行业的数字化和智能化发展，推动电力系统的技术创新和应用推广。

1."静态电网一张图"

在电网相关数据已经基本实现信息化的基础上，将其线上的相关设备台账信息以及拓扑关系与地图进行结合，形成了最基础的"静态电网一张图"雏形。这个雏形包括了实现"站－线－变－（小区）－用"的全链路拓扑关系与地图的相结合，以及各类电网设备的上图。同时，还将 PMS 等静态数据资料、台账信息与设备的对应绑定，使得"一张图"就能够直观地了解电网的全链路分布状态。

为了满足实际工作的需要，还考虑了添加"设备主人制"。该制度使得设备或者相应的问题出现时，可以快速地联系到相应的负责人。同时，"静态电网一张图"对于不同类型设备进行了分层展示，保留了设备的搜索功能，以及不同地域层级下穿及不同层级默认显示设备的智能限定。此外，还对电网基本线路等拓扑采取了不同电压等级分层的方法。在众多信息全量上图的同时，采取了防止不同层级不同身份使用者被过多非本人关注的冗余信息干扰的措施，从而确保了通过"一张图"辅助工作的有效性，防止过多非当前角色关注信息的展示反而干扰了需要的数据的查找。在"一张图"数据显示侧，体现了"简既是繁"的理念。

2."动态电网一张图"

"动态电网一张图"是一个基于静态电网数据的基础上，结合动态数据和动态事件，进一步完善和提升的数字化孪生电网概念。它的目标是通过实现电网相关状态和工作信息的全面数字化映射，达到"不出门则知天下事"的境界。

在数据方面，"动态电网一张图"的建设实现了企业级数据的实时汇聚和全环节采集。通过打通营销、配网、调度等部门的数据，实现了站、线、变、户、测点、量测数据的统一数据服务。这种数据整合方式不仅降低了应用建设成本，还显著提高了数据访问性能和质量。

在可视化方面，"动态电网一张图"提供了数据与图形的融合，实现了实体电网在数字空间的实时动态呈现。通过优化电网一张图的可视化引擎，实现了点云图层、区域热力图层、蜂窝图层等可视化技术支持，丰富了事件响应机制。这种可视化技术不仅提供了对电网运行状态的实时监控，还为决策者提供了更加直观和准确的分析工具。

此外，"动态电网一张图"还为陕西企业级数字化支撑体系建设、数字化县公司建设推广及数字化示范工作提供了有力的支持。通过该部分建设，有力推动了陕西企业级数字化转型的进程，实现了数字化支撑体系建设的跨越式发展。同时，也为其他地区的数字化转型提供了可借鉴的经验和参考。

3.2.2 "电网一张图"部署及应用

"电网一张图"工程是实现电网智能化、信息化的核心技术手段。通过部署及应用"电网一张图"，电力公司能够显著提升运行效率和管理水平，为现代能源体系构建提供全方位的技术支持。该技术主要涵盖了数据采集、数据传输、数据处理与分析、数据存储以及数据应用等领域。

1. 数据采集

"电网一张图"项目涉及的关键技术涵盖了多个方面，其中数据采集设备的合理安装、高效的数据传输以及专业的数据处理和分析等都是至关重要的。首先，数据采集设备的安装需要精细化操作，以确保数据采集的准确性和实时性。这些设备需要安装在电网的各个关键位置，如电力线路、变压器、开关等设备上，通过安装各种传感器和监测设备，实现对电网中各个设备的实时数据采集和全面监测。

数据采集设备的主要采集内容包括以下 4 个方面：

（1）设备运行数据：这部分数据主要包括电力线路、变压器、开关等设备的电流、电压、有功功率、无功功率等运行数据。这些数据可以通过电流互感器、电压互感器等设备进行采集，以确保电网设备的正常运行。

（2）设备状态数据：这部分数据主要包括设备温度、振动、噪声等状态信息。这些数据可以通过温度传感器、振动传感器等设备进行采集，对设备的状态进行实时监测，进而预防性维护和检修，提高设备的运行可靠性。

（3）环境数据：这部分数据主要包括温度、湿度、风向、风速等环境信息。这些数据可以通过环境传感器进行采集，电网管理者可以实时了解电网所在环境的详细信息，从而更好地应对自然灾害等突发情况，保障电网的稳定运行。

（4）电力负荷数据：这部分数据主要包括电力用户的用电量、用电时间、用电方式等电力负荷数据。这些数据可以通过智能电表等设备进行采集，为电力调度和能源管理提供重要的参考依据。

2. 数据传输

"电网一张图"数据传输的关键技术包括数据采集设备的选择和布置、数据传输网络的搭建、数据传输协议的选择和优化，以及数据预处理的方法和算法等，通过物联网技术，将采集的数据传输到数据中心进行处理和分析，同时，为了保证数据传输的稳定性和安全性，还需要考虑数据加密、隐私保护等问题。主要包括以下方面：

（1）数据采集设备：通过安装各种传感器和监测设备，实现对电网中各个设备的实时数据采集，包括电流、电压、功率因数、设备温度等信息。

（2）数据传输网络：通过物联网技术，将采集的数据传输到数据中心进行处理和分析。数据传输网络可以采用有线或无线方式，例如 Wi-Fi、4G、5G 等网络技术。

（3）数据传输协议：为了保证数据传输的稳定性和安全性，需要采用合适的数据传输协议，例如 MQTT、HTTP 等协议。

（4）数据预处理：在数据传输过程中，可能需要进行数据预处理，例如去除异常值、进行数据压缩等，以提高数据的质量和传输效率。

3. 数据处理和分析

"电网一张图"数据处理和分析的关键技术包括数据清洗、数据转换、数据分析和数据可视化等，通过对采集的数据进行处理和分析，以获取电网运行的实时状态和各项指标，同时，为了保证数据处理和分析的准确性和可靠性，还需要考虑数据质量、算法选择和可视化设计等问题。主要包括以下方面：

（1）数据清洗：对采集的数据进行清洗，去除异常值、缺失值和错误值，以提高数据的质量和准确性。

（2）数据转换：对采集的数据进行转换，例如将不同的数据格式统一、将数据标准化等，以提高数据的可处理性和可分析性。

（3）数据分析：对处理后的数据进行统计分析、趋势分析、相关性分析等，以获取电网运行的规律和潜在问题。例如，可以通过数据分析预测电力负荷、优化电网运行等。

（4）数据可视化：将分析后的数据通过可视化技术，以图表、图像等形式展示给电力公司和用户，以实现对电网的监控和管理。

4. 数据存储

"电网一张图"数据存储的关键技术包括分布式存储技术、数据存储结构、数据存储质量和数据查询及访问等，是将采集和处理后的数据存储在云端或数据中心，以供后续查询、统计和应用的重要环节。

（1）数据存储方式：采用成熟的分布式存储技术，如 Hadoop 和 Spark 等，实现数据的分布式存储和管理。这些技术能够将大量的电网数据分散存储在多个节点上，同时保证数据的一致性和可靠性。这种存储方式还具有高可扩展性和高可用性的特点，能够轻松应对数据量的增长和业务的变化。

（2）数据存储结构：针对电网数据的特性和应用需求，建立合适的数据存储结构是至关重要的。这包括确定合适的数据模型和数据关系，以支持对电网数据的各种查询、分析和应用。此外，合理的数据存储结构还有助于提高数据查询效率，进而提升整个系统的性能。

（3）数据存储质量：为了确保数据的准确性和完整性，采用一系列数据清洗和验证技术是必要的。这些技术包括数据校验、数据清洗、数据去重、数据格式转换等，能够有效地提高数据的质量和可靠性。同时，进行数据备份和恢复也是保证数据存储质量的重要手段，能够在发生硬件故障或其他意外情况下迅速恢复数据。

（4）数据查询和访问：提供高效的数据查询和访问机制，是用户进行数据查询和应用的重要保障。这可以通过采用基于 Web 服务的查询接口来实现。这些接口提供了简单、易用的查询语法和强大的查询功能，使得用户可以方便地查询到所需的数据。同时，对于大规模数据的查询，采用分布式计算和内存计算等技术可以提高查询效率。

5. 数据应用

"电网一张图"数据应用的关键技术包括可视化技术、数据挖掘技术、决策支持系统等，这些技术的合理应用能够高效地将处理后的数据通过可视化技术以图表、图像等形式展示给电力公司和用户，这不仅有利于实现电网的监控和管理，也为保证电网一张图数据应用的准确性和可靠性打下了坚实的基础。同时，还需要考虑数据质量、可视化设计、决策支持系统建立等问题。其内容主要包括以下方面：

（1）电力负荷监控：电网一张图数据应用能够实时监控电力负荷情况，为电力调度提供强有力的决策支持。借助于可视化技术，电力负荷的实时数据以图表或图像的形式呈现，使调度人员能够迅速掌握总体负荷和各区域的负荷情况，从而更好地安排电力资源的分配。

（2）故障预警：通过电网一张图数据应用，可以对电网数据进行实时监测和分析，及时发现电网故障和潜在问题，并进行预警。这大大缩短了故障处理的时间，同时也降低了潜在风险，提高了电网整体的可靠性和稳定性。

（3）停电管理：电网一张图数据应用能够实时监测停电情况，使电力公司能够迅速了解停电的范围和停电的时间，从而制定出更有效的停电恢复方案。这不仅提高了停电恢复的速度，也使电力公司的服务水平得到了提升。

（4）配电管理：通过电网一张图数据应用，电力公司可以对配电网数据进行深入分析，优化配电方案，提高配电网的效率和可靠性。这不仅节省了电力公司的运营成本，也为提高电力服务质量做出了贡献。

（5）客户服务：电网一张图数据应用能够实时监控客户用电情况，使电力营销和客户服务人员能够更好地了解客户需求，制定出更符合客户期望的营销和服务策略。这不仅有利于提高电力公司的营销效果，也提高了客户满意度。

6. 智能终端设备

随着数字化技术的不断发展，各种智能终端设备开始广泛应用于各个领域。这些设备具有强大的数据处理和存储能力，可以迅速地处理海量信息，实现报警、遥控、遥测等功能。与传统终端相比，智能终端具有更高的可靠性和更广泛的应用范围，能够更好地适应各种应用场景。同时，智能终端设备还具有更加友好的人机交互界面，使得操作和管理更加简单方便。目前，常见的智能终端设备包括智能融合终端、配电自动化设备、HPLC 模块等，它们在各个领域中发挥着越来越重要的作用。

（1）智能融合终端。智能融合终端是智慧物联体系"云管边端"架构的边缘设备，具备信息采集、物联代理及边缘计算功能，支撑营销、配电及新兴业务。采用硬件平台化、功能软件化、结构模块化、软硬件解耦、通信协议自适配设计，满足高性能并发、大容量存储、多采集对象需求，集配电台区供用电信息采集、各采集终端或电能表数据收集、设备状态监测及通信组网、就地化分析决策、协同计算等功能于一体的智能化融合终端设备。

通过边缘计算赋能实现电网末端感知数据流的汇聚整理，同时贯通营配融合，并通过标准 MQTT 协议送至云平台，以实现数据采集分析、上下通信、拓扑识别、规约转换等功能。智能融合终端是配电物联网建设的核心设备之一，能够实现数据采集、边缘计算、信息传输等功能，为配电网的智能化和自动化提供有力支持。智能融合终端的主要功能特点包括：

1）边缘计算能力：该设备具备边缘计算能力，能够实现数据采集、处理和存储等功能，提高了数据处理的速度和准确性。

2）集成度高：该设备集成了多种功能，包括数据采集、边缘计算、信息传输等，能够实现多种应用的集成控制。

3）可靠性高：该设备采用了高可靠性设计，能够在恶劣环境下稳定运行，提高了设备的可靠性和稳定性。

4）灵活性强：该设备支持多种通信协议和数据格式，能够适应不同的应用场景和需求，具有较强的灵活性和可扩展性。

（2）配电自动化设备。配电自动化设备包括重合器、分段器和馈线 FTU，其完成了配网测的动态信息的采集。

1）重合器（Recloser），是一种具备独特功能的开关设备，它能够检测到故障电流，并在指定的时间范围内迅速断开故障电流，随后进行预定的重合操作。这种设备被定义为"自具（SelfContained）"，意味着它拥有检测和操作故障电流的独特能力，无须额外的继电保护装置或操作电源，也不需要与外界进行通信。它的核心功能在于能够自我管理和执行操作，极大地提高了系统的稳定性和可靠性。"自具"能力，是指重合器自身具备故障电流的检测和操作顺序的控制与执行能力，无须依赖外部设备或电源，也不需要与外界进行信息交互。这种特性使得重合器在处理故障时更加快速和准确，从而提高了电力系统的稳定性和连续性。

现有的重合器通常可以进行三次或四次重合操作，如果重合成功，重合器将会自动停止后续的操作，并在一段延时后恢复到预先设定的状态，为下一次可能的故障做好准备。这种自动恢复功能使得重合器能够适应多种情况，具有很高的实用价值。然而，如果故障是永久性的，那么重合器在经过预先设定的重合次数后，将不再进行重合操作，而是被闭锁在开断状态，从而将故障线路与供电电源隔离，以防止故障扩大影响整个系统的稳定运行。这种闭锁机制使得重合器在面对永久性故障时能够做出准确的判断和及时的处理，从而最大限度地保护了电力设备和人身安全。重合器是一种功能强大、性能卓越的设备，它的"自具"能力和多重保护机制使其在电力系统中发挥着重要的作用，为电力系统的稳定性和安全性提供了有力的保障。

2）分段器，是一种专门设计用于与电源侧前级开关配合的开关设备，能够在出现失压或无电流的情况时自动进行分闸操作。分段器具有故障隔离功能，当发生永久性故障时，分段器可以通过预定次数的分合操作后将电路断开并保持分闸状态，从而有效地保护电路和设备免受损坏。同时，如果分段器尚未完成预定次数的分合操作，而故障已被其他设备切除，分段器会自动恢复到闭合状态。一旦系统恢复正常，经过一段特定的延时后，分段器会自动恢复到预先设定的整定状态，为下一次可能出现的故障做好准备。在合适的条件下使用，可以有效地保护电路和设备免受电力故障的影响。

3）FTU，是一款配备了先进通信技术的智能终端设备，通常被安装在配电室或馈线位置，以实现对配电设备的全方位监控与控制。通过与远方的配电子站进行信息交互，FTU 能够实时将配电设备的运行状态、工作数据等信息准确无误地发送到配电子站。同时，它还能接收并执行配电子站发送的控制命令，对配电设备进行精确的调控和操作。

FTU 和 RTU（远程终端设备）虽然在功能上有相似之处，但它们之间还存在显著的差异。首先，FTU 的体积相对小巧，数量众多，适合在户外馈线上进行安装。与 RTU 相比，FTU 不需要变送器的辅助，而是直接采用交流采样技术，使其更加适应户外复杂的环境。此外，FTU 还具备出色的抗高温和耐严寒性能，使其能够在各种恶劣气候条件下稳定工作。FTU 在数据采集、通信速率以及可靠性等方面的要求也存在差异。具体来说，FTU 由于采集的数据量相对较小，因此对通信速率的要求相对较低。然而，它对可靠性的要求却相对较高，这主要是因为户外馈线环境的复杂性和不稳定性。与此相反，RTU 则被安装在变电站等室内环境中，对环境的要求较高。RTU 需要采集大量的数据，因此它需要具备较高的通信速率以便及时传输和处理信息。同时，RTU 对可靠性的要求也非常高，因为它需要保证整个变电站的稳定运行。此外，RTU 通常拥有专用通道，以确保其通信的稳定性和安全性。

4）HPLC 模块，是宽带载波模块，主要应用于电表、采集器、集中器、网关等产品中，以实现数据传输、数据抄读、信道管理、停电事件上报以及系统管理等功能。该模块采用优化的网络调度机制，基于全网信标同步机制，结合 CSMA/TDMA 算法，能够实现对载波信道的有序管理，有效规避台区间相互串扰。这保证了数据传输的可靠性和实时性，使得重要事件能够及时、准确地得到上报。还采用了自适应的代理节点控制、选择、均衡等网络层优化算法，这使得模块具备了网络路径自动优化和自动实时修复等先进能力。这些功能进一步增强了组网的时效性和稳健性，确保了数据传输的稳定性和连续性。在电力线介质上，HPLC 模块的应用能够大大提高数据传输的效率和可靠性，为智能电力系统的稳定运行提供了强有力的技术保障。

3.3 数据一个源

在创新的驱动下，成立了一个专门的数据运维班，统一数据录入标准和维护入口，为数据录入提供了便捷和保障。通过使用先进的数据核查工具和同源维护工具，实现了现场采集数据的自动处理，能够快速生成拓扑关系单线图，同时数据实时回传，确保了数据的及时性和准确性。对于存量和增量的异动数据，采取了精准的治理方式。这彻底解决了以往多头采集、重复录入以及系统间不同步等问题。通过实现高低压同步维护和营销运检同源治理，确保了营配数据的一致性，这是数据治理的重要一环。

通过数据运维班的努力工作，可以更好地管理数据并提高数据质量。这种创新的运维方式将为业务提供更高效、更准确的支持，推动业务发展进入新的阶段。

3.3.1 构建"数据一个源"

通过将分散在各专业的电网设备、拓扑等数据有效整合，成功地构建了一个源、网、荷、储全量设备全网拓扑多时态的"一张网"系统。在企业中台已实现数据统一汇聚、共享应用的基础上，完善数据模型，强化刚性管理，确认权威源头，落实数据主人，明确质量标准，全面实现"一数一源、一源一责、一处录入、处处使用"，数据同源维护率基本达到100%。这个系统化的电网设备资源管理、资产（实物）管理、拓扑分析等多专业、多时态、多类型企业级共享服务的形成，得益于共性业务的沉淀和积累。在这个模式下，全网数据的统一标准、同源维护、统一管理得以实现，为电网规划、生产检修、客户服务等业务提供了快速、灵活的构建支撑。这样的解决方案不仅提高了电网设备的利用率，降低了运营成本，也为客户提供了更高效、更稳定的电力服务。可实时收集并分析电网设备的数据，包括设备的运行状态、电量消耗、故障预警等重要信息。这不仅为设备的维护提供了精确的依据，而且通过预测性分析，还可以提前预警可能出现的设备故障，从而提前进行维护，避免因设备故障造成的电力中断。此外，该系统还能够根据电网的运行状态和客户需求，智能地调整电网的运行模式，以实现电力资源的优化配置。在电力需求高峰期，它可以自动将部分电力资源转移到电网中的关键区域，以保证电力供应的稳定。智能化和自动化的特性，让它可以适应各种复杂的电网环境，无论是城市的大型电网，还是乡村的小型电网，都可以通过这个系统进行高效的管理和监控。从而为各地的电力用户提供稳定、可靠的电力服务，同时也为电力行业的可持续发展提供了强大的支持。

基于中台体系构建电网"数据一个源"的总体架构，可以细分为以下8个层次：

（1）数据采集层：这一层是整个架构的基础，它根据电力系统的各个环节，设计和实施一套完整的数据采集方案。采集的数据范围广泛，包括发电、输电、配电、售电等各个方面的数据。为了保证数据的实时性和完整性，需要采用先进的数据采集技术，如物联网技术、传感器技术等，并且需要与现有的电力系统进行有效的融合。

（2）数据处理层：这一层主要负责对采集来的数据进行处理，包括数据清洗、格式转换、归一化处理等操作。通过这些处理，可以进一步提高数据的准确性和一致性，为后续的数据应用打下良好的基础。

（3）数据存储层：这一层主要负责数据的存储和管理，为了满足海量的电力数据的存储需求，需要采用多种存储方式，包括关系型数据库、非关系型数据库等。同时，需要设计出分布式、可扩展的存储架构，以适应数据量的不断增长和数据类型的多样化。

（4）数据共享层：这一层主要负责数据的共享和交换，制定数据共享规范，明确数据的使用范围和权限。为了确保数据的安全性和隐私，需要设计合理的数据共享和交换机制，采用加密技术、访问控制等措施。

（5）数据应用层：这一层主要针对电力监测、运行调度、营销分析、客户服务等需求，设计出相应的应用模块。通过数据的可视化、智能化利用，可以实现电网的智能化监测、控制和调度，提高电网的运行效率和可靠性。

（6）系统集成层：这一层主要与现有电力系统进行有效的集成，设计合理的数据接口和交换机制，实现数据的互通和共享。这需要充分考虑不同系统之间的差异和接口标准，确保集成后的系统能够高效运行。

（7）安全保障层：这一层主要建立完善的安全保障体系，包括数据加密、访问控制、风险预警等措施，确保数据的安全性和隐私不被侵犯。同时还需要应对各种网络攻击和安全漏洞，保证整个系统能够安全、稳定地运行。

（8）技术创新层：这一层主要关注最新的技术发展动态，及时引入适用的新技术和方法，以提高电网"数据一个源"平台的性能和功能。这需要对新技术保持敏锐的洞察力和创新能力，不断推动电网"数据一个源"的持续优化和发展。

3.3.2 "数据一个源"部署及应用

以物联平台、数据中台、电网资源业务中台为基础支撑平台，通过构建电网企业中台，实现电力数据的集中存储、标准化处理和共享应用，提高电网的监测、控制和管理水平。

1. 电网资源业务中台

电网资源业务中台是公司电网管理、设备管理、资产管理等核心应用业务的共享服务平台，包含了公司共享服务六大中心，其目的是为各专业前台电网资源业务应用和模型共享提供全面、高效、精准的服务支撑。通过中台实现的技术和能力的统一封装和复用，可以显著提高电网资源业务的协同效率和资源利用效率，为公司各项业务的发展提供强有力的支持。

电网资源业务中台的特点和优势包括以下 3 个方面：①模型标准统一，即各专业遵循 SG-CIM4.0 统一模型，共同维护配网"一张网"。这种统一的标准不仅保障了模型的规范性和可扩展性，还能实现跨专业的数据共享和交流。②数据质量可靠，即在电网资源业务中台中，保存入库的数据都是经过严格校验和审核的，确保其正确性和可靠性。这样一来，无须在事后花费大量时间和精力进行数据治理，大大提高了工作效率。③流程闭环贯通，即生产、营销、调度间流程闭环，数据在系统间保持一致。这种流程闭环贯通的设计模式，使得各项业务流程更加顺畅、高效，同时保证了数据的准确性。

电网资源业务中台在电网数字化转型中扮演着重要的支撑角色。它通过整合电网静态和动态数据，实现数据一个源、电网一张图、业务一条线。这种整合方式不仅提高了数据的可获取性和可利用性，还推动了设备全过程技术监督、全寿命周期管理流程的贯通和数据汇聚共享。

电网资源业务中台的建设遵循"微应用、大中台、强后台"的企业中台建设思路。这种建设思路能够构建企业级电网资源业务中台，通过电网资源微服务与微应用架构，实现多变、定制的前端业务应用。这种前端业务应用更加轻量、灵活和经济，能够有效解决公司电网资源相关业务协同不畅、数据不一致、应用构建困难、用户体验不佳等问题，以实现发、输、变、配、用"数据一个源"。

（1）**总体架构**。电网资源业务中台的总体架构是由技术体系、业务体系和数据体系这三个关键部分进行有机地组合，从而实现了电网设备的全网拓扑可视化以及实时监控。这一创新的技术应用，使得电网设备的情况一目了然，为电网的安全稳定运行提供了强有力的保障。总体架构的核心是其业务体系，通过将技术与电网的实际业务紧密结合，实现了从设备监测到风险评估等各项功能。

1）技术体系。技术体系是电网资源业务中台稳健运行的基础架构，它包括了多个关键的技术模块，例如数据采集、数据处理、数据存储、数据共享以及数据安全等。这些技术模块通过精密的方式相互协作，高效地处理和存储电网资源数据，确保数据的准确性和实时性。同时，还包括了微服务架构这一先进的技术模式，此技术的引入使得中台具备了高内聚、低耦合的特点，极大地提高了中台的扩展性和稳定性。此外，技术体系还制定了详细的中台建设规范和技术标准，以确保每个环节都符合电网资源业务中台的稳定性和可靠性要求。

2）业务体系。业务体系是电网资源业务中台的核心部分，它涵盖了电网设备资源管理、资产（实物）管理以及拓扑分析等多专业、多时态、多类型的全方位企业级共享服务。这个体系的目标在于通过统一管理和整合电网设备数据，实现电网设备的全网拓扑可视化和实时监控。这样做不仅可以实时掌握电网设备的运行状态，还可以对设备可能出现的故障进行预警，以预防性的方式保障电网的稳定运行。同时，业务体系还提供了设备状态评估和风险评估等功能，这些功能可以针对电网设备的性能和安全状况进行全面的评估，为电网规划、生产检修、客户服务等业务提供强有力的数据支持和决策依据。

3）数据体系。数据体系是电网资源业务中台的坚强后盾，它包括了数据采集、数据处理、数据存储、数据共享以及数据安全等关键模块。这些模块通过合理的布局和配置，确保了电网数据的完整性和安全性。数据采集模块负责收集电网设备运行过程中的各类数据，确保数据的实时性和准确性；数据处理模块则对收集的数据进行清洗、整合和加工，提高数据的质量和利用价值；数据存储模块则负责将处理后的数据进行安全、可靠的存储，并提供高效的数据检索服务；数据共享模块使得不同部门和单位之间可以安全、便捷地共享和交换数据，提高数据的利用效率；而数据安全模块则通过先进的技术手段和管理措施，防止数据泄露和攻击，保障电网数据的安全。通过数据体系的工作，可以确保电网数据的安全性和可靠性，防止数据泄露和攻击，提高电网的稳定性和可靠性。

（2）平台应用。在电网资源业务中台的应用中，通过集中式、标准化的数据管理方式，可以实现对电网资源的全面统一管理和高效利用。这种应用能够将分散在各个业务系统的电网资源数据进行整合，消除数据孤岛现象，确保数据的统一性和准确性。不仅提高了电力系统的效率和应用水平，而且还能够为公司的业务决策和管理提供全面、客观的数据支持和决策依据。它可以实时监测电网资源的利用情况和状态，帮助公司及时发现和解决问题，提高电网的运行稳定性和可靠性。

通过构建电网资源数据中心，能够实现全网数据的统一标准、同源维护、统一管理。这意味着公司可以更好地了解电网资源的分布、使用情况和状态，以及更好地预测和管理未来的资源需求。此外，电网资源业务中台的应用还提供了各种数据服务和接口，以支持电网资源管理的各种业务应用。这些服务包括数据查询、数据更新、数据分析、数据挖掘等，帮助公司更好地了解电网资源的实际情况和未来趋势，为制定科学决策提供了有力支持。电网资源业务中台的应用在提高电力系统的效率和应用水平的同时，还为公司提供了全面的数据支持和决策依据。通过构建电网资源数据中心，该应用实现了电网资源的统一管理和高效利用，为公司的发展提供了有力支持。

2. 数据中台

电网数据中台是一个强大且智能化的数据处理平台，能够与众多业务系统进行无缝对接，实现多元化数据的互通和共享。通过这种方式，电网数据中台能够极大地提高数据利用效率，增强各业务系统之间的协同能力。电网数据中台不仅打破了数据孤岛现象，还实现了数据资源的整合和共享，为各业务领域提供了更为全面、准确和高效的数据支持。

通过对电网数据的全面管理和高效利用，构建一套统一、标准、灵活的数据治理体系，实现电网数据的全生命周期管理，为电网企业的各项业务提供数据支持和服务，主要包括以下6个方面：①形成统一的数据标准和管理规范，实现电网数据的标准化和规范化。②整合全公司的数据资源，实现数据的集中存储和管理，解决数据孤岛和数据不一致的问题。③提供高效的数据服务和数据接口，满足各种业务系统的数据需求，提高数据利用效率和业务协同能力。④构建统一的数据模型和数据分析平台，为业务决策提供科学依据和支持。⑤提高数据的安全性和隐私性保护，确保数据的安全可靠和合规使用。⑥通过数据治理和元数据管理，形成具有行业特色的"大数据+"治理模式和管理制度。

通过对电网数据的全面管理和高效利用，构建一套统一、标准、灵活的数据治理体系，实现电网数据的全生命周期管理，为电网企业的各项业务提供数据支持和服务，主要包括以下6个方面：①在电网数据治理体系中，首先需要形成统一的数据标准和管理规范，确保数据的标准化和规范化。这包括制定数据字典、数据规范和数据标准等，以及建立数据质量标准和数据安全标准等。通过这种方式，可以确保数据在采集、存储、处理、共享和交换等各个环节中都能够得到有效的管理和控制。②整合全公司的数据资源，实现数据的集中存储和管理，是数据治理体系中的重要一环。这可以解决数据孤岛和数据不一致的问题，将各种来源、各种格式的数据整合到一起，形成全面、准确、可靠的数据资源库。同时，通过数据清洗和整合，可以消除数据冗余和重复，提高数据的质量和精度。③提供高效的数据服务和数据接口，满足各种业务系统的数据需求，是数据治理体系中的另一个关键点。需要构建稳定、高效的数据接口和服务，满足不同业务系统的数据需求，提高数据的利用效率和业务协同能力。这样，各个业务部门就能够更加便捷地获取到所需的数据支持，进而提高工作效率和业务水平。④构建统一的数据模型和数据分析平台，可以为业务决策提供科学依据和支持。通过对电网数据的深度挖掘和分析，可以得出各种有价值的洞见和趋势，为决策者提供重要的参考依据。同时，还可以利用数据模型和算法，预测未来的电力需求和电网运行状态，制定更加科学、精准的决策方案。⑤提高数据的安全性和隐私性保护，确保数据的安全可靠和合规使用。在数据治理体系中，需要采取各种安全措施，保护数据的隐私和安全。这包括数据加密、访问控制、安全审计等各种安全技术和手段的应用，确保数据在使用、存储和传输等各个环节中都得到充分的安全保障。⑥通过数据治理和元数据管理，可以形成具有行业特色的"大数据+"治理模式和管理制度。通过完善的数据治理体系和元数据管理策略，可以更好地管理和控制电网数据，提高数据的可用性和可靠性。同时，还可以将数据治理和元数据管理经验与最佳实践相结合，推动电网企业的数字化转型和创新发展。

（1）**总体架构**。电网数据中台的总体架构主要分为基础设施层、数据接入和汇聚层、数据模型层、数据服务层、运维管理层和安全保障层。通过这个架构，电网数据中台可以实现数据的快速处理、集中存储、标准化管理、高效服务和安全保障，为电网企业的各项业务提供有力支持，助力数字化转型。

1）统一数据基础设施平台：该平台是数据中台的底层支撑，包括数据存储、数据计算、数据传输等核心功能，能高效地实现数据的快速处理和传输。它是一个稳定、可靠、安全、智能的数据基础架构，为各类数据应用提供强大的支撑能力。

2）数据接入和汇聚平台：该平台通过无缝对接各类数据源，包括结构化数据、非结构化数据、实时数据等，形成一个集中式的数据存储和汇聚环境，实现对数据的统一管理和控制。通过采用标准化、规范化的数据接入和汇聚方式，该平台能避免数据孤岛现象，提高数据的质量和可用性。

3）统一数据模型平台：该平台是数据中台的核心组件之一，通过将原始杂乱无章的数据进行标准化、血缘关系清晰的数据资产转换，保障了数据的标准化和统一规范。它是一个集数据建模、数据质量管理、数据分析于一体的综合解决方案，能沉淀出业务共同的数据维度和指标。通过分层建模的方式，该平台能更好地满足不同业务系统的数据需求，提高数据的可用性和可维护性。

4）数据服务平台：该平台为上层业务应用提供一站式的数据服务，包括数据查询、数据更新、数据共享、数据接口等，满足不同业务系统的数据需求。它能提供稳定、高效、安全、灵活的数据服务，提高数据的可用性和可维护性，为各类业务应用提供强大的支持能力。

5）统一运维管理平台：该平台对数据中台进行统一的运维管理，包括应用运维、数据运维、系统运维等，确保数据中台的稳定性和可靠性。它是一个集监控、管理、维护、优化于一体的综合运维管理平台，能实现自动化、智能化、可视化的运维管理，提高运维效率和质量。

6）数据安全保障体系：该体系保障数据的安全性和隐私性，包括数据加密、数据认证、访问控制等技术手段。它能提供全面的数据安全保障，防止数据泄露、篡改或损坏。它建立了一套完整的安全管理制度和技术保障体系，对数据进行全面、多层次的安全防护，确保数据的机密性、完整性和可用性。

（2）平台应用。电网数据中台是电网企业信息化建设的重要组成部分，通过构建统一的数据体系和数据服务接口，实现数据的标准化管理、高效服务和业务协同。在具体的应用中，电网数据中台可以与各业务系统进行对接，实现数据的互通和共享，提高数据利用效率和业务协同能力。同时，电网数据中台也可以提供数据分析和预测服务，为各业务领域提供科学依据和决策支持。

电网数据中台是电网企业信息化建设的重要组成部分，通过构建统一的数据体系和数据服务接口，实现数据的标准化管理、高效服务和业务协同。涉及数据治理、数据服务、数据安全等方面，它能够为各个业务系统提供标准化的数据接口，实现数据的共享与互通，提高数据利用效率和业务协同能力。在具体的应用中，电网数据中台可以与各业务系统进行对接，实现数据的互通和共享，提高数据利用效率和业务协同能力。同时，电网数据中台也可以提供数据分析和预测服务，为各业务领域提供科学依据和决策支持。这些服务可以帮助企业更好地了解市场情况、掌握用户需求，提高企业的市场竞争力。此外，电网数据中台还可以提供数据安全保障服务，保障企业的数据安全。

3. 基础数据治理

电网数字化转型中的数据治理是一项至关重要的任务，采用一系列精细的方法和机制，以实现对电网数据的全面、高效管理和利用。这些方法和机制的目的是提升电网的效率和性能，为其可持续发展提供坚实的支撑。

通过统一的数据管理平台，能够建立起完善的企业级数据管理机制。这一机制确保了数据的完整性、准确性和一致性，为电网的稳定运行提供了坚实的保障。为了达到这个目标，一系列重要的措施被实施，包括对数据源的统一管理和监督，建立统一的数据视图和规则库，以及制定统一的数据质量管理规范等。

数据治理涵盖了从数据的收集、存储、处理到分析的全方位过程。在这个过程中，数据的应用质量得到了显著的提升。通过数据挖掘和预测等手段，电网数字化转型中的数据治理为电网的安全、稳定和高效运行提供了强大的支持。这包括提供诸如新能源接入、功率预测、负荷预测等重要成果，从而使得电网的运行更加智能化、高效化、精准化。主要包括：①统一数据标准，以《数据管理规范》《数据质量管理规范》等国家标准为指引，建设企业级统一的数据管理平台，实现从基础资源到关键应用的标准保障。②强化基础管理，在数据治理过程中重点加强对业务系统和应用系统的建设与维护，从源头上保障业务系统及应用系统高质量运行。③提升应用质量，在数据质量方面重点从四个领域提升用户体验，包括数据完整性、数据准确性、数据一致性和数据及时性。④建立数据主人制，建立"权责清晰、分工合理、协同高效"的数据主人制，基于管理业务数据流程，将数据管理职责逐级分解落实，实现定岗定责。⑤数据异动分析，针对问题数据从制度覆盖、管理流程、操作规范等多方面全面核查，剖析问题根源，精准管控措施，总结治理经验，避免类似问题的再次出现。

（1）**总体架构**。电网数字化转型中的数据治理总体架构主要包括三个方面的内容，即管理、业务和技术。通过管理、业务和技术的全面协同，实现对电网数据的全面管理和高效利用，提高电网的效率和性能，支撑电网的可持续发展。①在管理方面，需要转变管理定位，支撑好业务，并实现技术落地。具体来说，这包括制定数据治理的策略和目标，明确数据治理的组织和角色，建立数据治理的流程和规范，以及构建数据治理的技术平台和工具。②在业务方面，需要深入了解电网业务的流程和需求，梳理业务的数据需求和问题，建立业务数据的模型和管理机制，以及提供业务数据的查询、共享和使用服务。③在技术方面，需要选择合适的技术工具和方法，例如数据仓库、数据挖掘、数据分析等，实现对电网数据的采集、存储、处理和分析，同时需要建立技术标准和规范，保证数据的质量和一致性。

与此同时，电网数字化转型中的数据治理总体架构主要涵盖了管理、业务和技术三个核心领域。这三个方面相互协同、相互促进，旨在实现对电网数据的全面有效管理和高效利用，以提升电网的运营效率和性能，并有力地支撑电网的可持续发展。①从管理的角度来看，数据治理的定位已经从传统的单纯关注数据质量、一致性等转向了更加全面的视角。这包括制定明确的数据治理策略和目标，以确保数据在采集、存储、处理、分析和共享等过程中的合规性和质量。同时，还需要明确数据治理的组织架构和各个角色的职责，建立一套高效、合理的数据治理流程和规范，包括数据质量管理、数据标准化、数据安全等。此外，构建一个功能强大、灵活的数据治理技术平台和工具也是必不可少的，这可以帮助实现数据的自动化管理，提高数据治理的效率和效果。②针对业务方面的需求，了解电网的业务流程和需求是首要的。这包括深入理解电网业务的各个环节，如电力生产、传输、分配和使用等，以及这些环节中产生的各种数据。同时，还需要梳理出业务对数据的需求和存在的问题，例如数据的准确性、完整性、一致性等。在此基础上，需要建立一套完整的业务数据模型和管理机制，确保数据的规范化和标准化，并为业务人员提供方便的数据查询、共享和使用服务，以提高业务效率和精确性。③从技术的角度出发，选择和运用合适的技术工具和方法是数据治理的关键。例如，数据仓库和数据挖掘技术可以帮助实现电网数据的集中式管理和深度分析，从而更好地支持数据驱动的决策和运营。同时，还需要制定并遵循一定的技术标准和规范，以确保数据的质量和一致性。例如，数据的精度、数据的标准化和规范化、数据的安全性和隐私保护等都是需要考虑的问题。此外，也需要关注新兴技术的发展，如人工智能、大数据等，以不断优化和改进数据治理的策略和方法。

（2）**平台应用**。电网数字化转型中的数据治理应用架构是基于数据治理的核心功能和业务流程而设计的，通过建立统一的数据治理平台，加强对业务系统和应用系统的建设与维护，以及通过数据挖掘和预测等手段，旨在实现电网数据的全面管理和高效利用，提高电网的效率和性能。

1）需要建立一套统一的数据治理平台，该平台涵盖了数据采集、数据处理、数据存储、数据共享和数据服务等一系列核心功能，并且结合电网业务的特点，设计出符合电网业务需求的数据治理流程和规范。这些流程和规范包括但不限于数据质量管理、数据安全管理以及数据服务等。在这个过程中，需要注重数据的多样性和复杂性，确保各种类型的数据都能够被准确、全面的采集和处理。

2）需要建立一套完整的数据治理应用程序接口（API），通过这些接口为上层应用提供标准化的数据服务和接口，实现数据的共享和应用集成。这些接口需要满足电网业务的需求，同时还需要考虑到未来可能出现新的业务需求和技术变化。

3）需要建立一个与电网业务紧密集成的数据治理与应用平台。在这个平台上，数据与业务深度融合，通过数据的实时监测和预警，能够提高电网业务的效率和可靠性。同时，通过数据分析和预测，能够为电网业务提供科学决策和支持。这个平台需要具备强大的数据处理和分析能力，同时还需要提供易于使用的界面和工具，以便业务人员可以轻松地使用和管理数据。

4. 物联平台

物联管理平台部署在管理信息大区和互联网大区，具备千万级设备连接并发管理能力，并且能对部署在边缘物联代理上的物联 App 进行下发、部署、启停、卸载等全生命周期的管理，实现各设备模型统一定义，对采集数据进行汇集及标准化处理，为企业中台或业务系统提供标准化接口服务；为公司各专业、各单位以及内外部提供统一的物联管理服务，对下统筹各领域物联和感知需求，实现统一物联管理和终端标准化接入；对上为业务中台及业务系统提供标准的数据服务，形成跨专业数据共享共用的生态，充分发挥数据资产价值。物联管理平台主要实现各类型边缘物联代理装置和下连终端（传感器）的统一接入和管理，各类采集数据的统一汇聚和分发，并以接口和服务方式支撑上层应用与感知层的交互。

①设备管理：提供与设备相关的管理与控制能力，主要包括设备接入、物模型管理、设备影子管理、设备运行状态监控以及对设备的统一远程运维能力。②应用管理：提供物联 App 应用管理能力，对接国网应用商店，完成应用的上架、批量下载、安装、升级，对应用运行状态进行统一监控和管理。③连接管理：具备动态扩展能力，支持边缘代理或智能设备通过云边交互规范统一接入物联管理平台，实现千万级连接的管理与动态负载均衡。④消息处理：包括规则引擎和数据缓存，其中规则引擎完成规则配置、规则实时执行和数据分发的功能，数据缓存完成短期内采集数据的存储。⑤北向接口服

务：为企业中台和业务系统提供统一的数据访问接口，实现灵活的数据交互。⑥平台管理：具备对接国网信息化系统标准 ISC 组件的能力，支持国网统一权限管理和用户管理。⑦运维工作台：提供统一监控管理界面，用于集中展示后端微服务、现场设备和物联 App 运行状态。

（1）总体架构。物联平台在各专业现有采集感知基础设施的基础上，满足公司战略目标落地和各专业业务发展需要，按照"精准感知、边缘智能、统一物联、开放共享"的设计思路，借鉴互联网建设模式，构建智慧物联体系"云管边端"总体架构。

1）"云"是指部署在云端的物联管理平台及其支撑的上层应用。物联管理平台实现对各类感知层设备及物联 App 的统一在线管理和远程运维，实现数据的统一接入和规范化，并向企业中台、业务系统开放接口提供标准化数据。

2）"管"是指各类远程通信网络。主要包含电力光纤、无线专网、无线公网和因特网。监管业务接入管理信息大区，具备条件的采用有线网络；无线专网覆盖范围内，优先采用无线专网，其余采用无线公网。非监管业务可采用 APN 加密通道接入互联网大区。

3）"边"是指部署在区域现场具备边缘计算能力的智能设备。按照边缘物联代理跨专业共享共用的原则，实现一定区域内各类感知数据就地汇聚，并基于物模型实现采集数据的标准化处理及上传，支持业务就地处理和区域能源自治，不同专业的边缘侧应用以 App 的方式在同一个"边"上实现。

4）"端"是指采集终端。主要包括电源侧、电网侧、用户侧、供应链等终端装置。通常部署在采集监控对象本体内部或附近，对设备或对象的状态量、电气量和环境量等进行采集量测。其具有简单的数据处理、控制和通信功能，一般不配置边缘计算功能。（具体包括输电专业的金具温度、导线弧垂传感器，变电专业的油色谱、局放传感器，配电台区的智能电表、分路监测单元、低压断路器漏保，用户侧智能插座等。）

（2）平台应用。物联平台根据各专业物联感知需求和采集测控系统建设应用现状，围绕输电、变电、配电台区、客户侧 4 类应用场景，形成公司统一智慧物联体系典型应用模式。

1）**输电应用场景**。输电应用场景通过各类感知终端实现架空线路、电缆线路状态的精准感知，数据通过短距离、低功耗网络传输至汇聚节点进行汇聚和边缘计算，利用无线专网或公网 APN，对于部分电缆线路有光纤接入条件的可以通过光纤内网接入，实现数据的可靠、安全传输。依托物联管理平台实现数据管理、网络管理、设备管理、应用管理和安全管理等功能，为应用层提供数据服务。

国网陕西公司目前已实现高压电缆及电缆沟道综合监测场景，接入 61 台边缘物联代理及 6827 套烟雾、水浸、火焰探测器、接地环流、智能井盖等感知终端；架空线路动态增容场景，接入 123 套温湿度、风力、光躁监测智能终端。基于物联管理平台数据和服务，全面支撑电缆沟道物联设备云主站等业务应用，通过 2D、3D 等方式实现 22 条电缆沟道及物联边端设备的地理位置展示，提供环境量、状态量的实时数据展示，建立沟道物联设备资源及物理拓扑的统一信息共享平台。

2）**变电应用场景**。变电建设场景以"一全两用三提升"为导向，按照"精准感知、边缘智能、统一物联、开放共享"的思路开展变电领域智慧物联体系建设与应用。变电站设备（噪声传感器、振动传感器、铁芯电流传感器、烟感传感器、避雷器泄漏电流传感器）通过边缘物联代理设备采集并统一送至物管平台。

自智慧物联变电体系建设以来，国网陕西公司以奥体变电站为试点建设站点，完成 1 台边缘物联代理，35 套特高频、噪声、震动，超声波、铁芯电流等传感器端设备的接入，为变电设备智能评价微应用提供基础数据支撑，实现变电设备管理和运维智能化。

3）**配电台区应用场景**。配电台区场景遵循"一台区一终端""最小化精准采集"原则开展各地市公变台区智能融合终端统一接入、管控及应用，实现所有下连配电终端设备和传感设备的统一管理。融合终端将各类采集电气量、环境量、状态量等数据通过安全加密芯片与安全代理服务实现业务及链路层数据双加密。同时，利用台区融合终端边缘计算框架，实现一定范围内传感器数据的汇聚、边缘计算及回传、区域自治，满足数据实时采集、即时处理、就地分析。采集数据经终端统一汇聚后传入物联接入专区内安全接入网关进行链路层数据加解密，再进入配电安全接入前置服务，通过配电加密机进行业务层 MQTT 报文解密，解密后将明文 MQTT 报文推送至物联管理平台。

国网陕西公司融合终端建设应用由配网部牵头，营销部、科技数字化部、电科院等共同参与，电科院负责融合终端出厂供货后的集中检测、注册建档、证书导入及调试，配网部牵头负责终端发货安装及后期运维管控，科技数字化部根据配网部物模型相关规范进行模型审核校验及网络运行通道调测。

迄今，国网陕西公司全域公变台区 161480 个，已落实采购（注册建档）融合终端 141323 台，已完成营销和配网双功能检测后配送至各单位 136883 台，累计安装 117819 台，并已全量"一发一收"模式接入物联管理平台，稳定在线 111911 台，在线率 94.99%。所有终端采集频度为每 15min 采集一次，接入端设备共 147.46 万台，包括温度传感器、智能微断等 12 类感知终端及 App，为上层业务应用系统提供基础数据支撑。

依托物联管理平台融合终端基础量测类采集数据，围绕智能融合终端规模化应用及配用电领域的数字化转型需求，发挥现场融合终端规模化部署效应，全面支撑数字化供电所配网运行状态监测平台、融合终端云主站及移动端 App 建设应用，实现了供电所热力图、异常监测、"一区一策"、智能电表非计量数据采集及 10kV 线损、停复电告警、台区档案自动核查等功能，目前已覆盖 1332 家供电所、7050 条 10kV 线路、117819 个台区。

4）客户侧应用场景。空调负荷控制场景目前已经完成西安、咸阳、汉中、安康、西咸、铜川、渭南、宝鸡等 8 个地市 25 个试点单位的用户数据接入管理信息大区物管平台，以大型商超、写字楼等公共建筑为主。

数据架构遵从国网智慧物联体系，通过边缘设备（智慧能源单元），装有 4G 物联网卡采集用户空调水温、负荷比等数据，对部分空调不能直接采集的加装量测单元（物管平台中的子设备），实现 1661 台空调主机、水冷主机、电源柜等感知数据采集，将数据汇聚后经边设备软加密传输至安全接入网关，网关采用数字证书技术（证书由国网统一密服平台提供）实现身份认证，然后经物联平台上送至管理信息大区新型负荷管理系统，同时能够以命令下发方式实现安全的空调负荷控制，如软关机命令下发。

依托新型电力负荷管理系统，统筹实现空调负荷资源"统一管理、统一调控、统一服务"，确保"千瓦可控、度电可调"。一是支撑省公司完成试点空调负控工作落地，实现电力保供需求；二是依托各地市公司试点项目开拓能效服务，打造长久合作模式，客户实现持续收益，综能实现增值收益。

3.4 业务一条线

做大做强供电服务指挥中心，抓实数据治理、服务管控、调度控制、配抢指挥四项主要业务。利用数字化工作台，打通专业间、系统间流程壁垒；强化多专业联动、全过程跟踪，实现业扩报装方案一键生成；推进配网主动运维，强化用户停复电感知，实现全过程可视化故障精益抢修。

3.4.1 构建"业务一条线"

以"电网一张图、数据一个源"为基础，在现有业务贯通基础上，聚焦电网生产核心业务，在更高层面、更深程度实现业务协同和数据贯通，跨专业业务协同线上率基本达到 100%。利用配网工程管控 App、营销标准化作业 App、"网上国网" App 等应用，将原有线下业务进行线上化改造，通过"图"上开展核心业务，以"图"串联各业务流程，实现"业务从图中来，结果到图中去"，深化设备管理、安全管控、配网工程的全流程管控等业务，打通发展、安监、配网、营销等专业壁垒，简化业务链条，推动专业业务流程各环节全线贯通、信息共享，实现"业务全在线、流程全贯通"。

3.4.2 "业务一条线"部署及应用

1. 网上国网

（1）部署应用。网上国网 App 采用"一户多面、千人千面"的设计理念，全新推出的"住宅、电动车、店铺、企事业、新能源"五大频道，打造"客户聚合、业务融通、数据共享、创新支撑"统一互联网在线服务平台。

"网上国网"是公司依托"大、云、物、移、智"前沿技术，整合了多种业务线上的服务渠道，包括95598、电力服务、能源电商、电动汽车、光伏云网、能效服务等。在公司一体化国网云、全业务统一数据中心等总体技术路线和信息安全等级保护体系的坚实基础上，借鉴了行业内外典型企业架构设计的经验，基于移动应用开发平台和外网移动交互平台，采用了微服务和微应用模式，构建了一个以"一门户、一中心、四平台"为核心的在线服务平台。

"网上国网"的设计理念十分先进，它以"一户多面、千人千面"的方式，全新推出了"住宅、电动车、店铺、企事业、新能源"五大频道。这五大频道的推出，将客户聚合在一起，实现了业务的融通，数据的共享，以及创新支撑的统一互联网在线服务平台。此外，还拥有强大的数据处理能力，它能够有效地处理和保护用户数据的安全性，同时为用户提供更加便捷的服务。它的界面设计简洁明了，用户可以轻松地找到自己需要的功能，并且操作简单易懂，让用户可以更加轻松地使用。

（2）功能介绍。系统主要功能有住宅、电动车、店铺、企事业、新能源五大使用场景功能，网上国网将新装办电"线上化"，精简线上办电流程，为客户提供交费、用电查询、办理用电业务、找桩充电等一站式智慧用电服务。系统功能汇聚了营销、发展等专业业务数据及流程，让更多的客户享受便捷和优质的电力服务。五大使用场景具体如下：

1）**住宅服务**：涵盖了与电力相关的各类业务，包括电费账单的查询与处理、电量电费的动态跟踪、用户积分的管理与兑换、营业厅服务网点的快速定位与查询，以及居民个人电力故障的快速报修通道，同时支持新装、过户、更名等业务流程的在线办理，还提供了电费红包的领取与使用功能，让电力生活更加便捷。

2）**电动车服务**：将公共桩充值、充值账单查询、找充电桩及车辆超市等业务进行了整合，方便用户对电动车的电力相关业务进行统一管理。其中，公共桩充值功能使客户能随时了解公共充电桩的空闲情况并完成支付，充值账单查询清晰记录每一笔充值明细，找充电桩功能将帮助客户快速找到附近的空闲充电桩，而车辆超市则提供了丰富的电动车电力设备。

3）**店铺服务**：此服务针对个人和企业用户提供了全面的电量电费查询、停电信息查询以及新装增容、更名过户、故障报修、电能表校验等业务办理功能。无论店铺经营者还是企业负责人，都能在此找到适合自己的电力相关服务，满足电量电费管理、电力设备维护等方面的需求。

4）**企事业服务**：为企事业用户提供了电子发票查询与下载、电费账单查询与核对、增值税发票变更申请以及新装增容、更名过户、故障报修等一站式服务。帮助企业简化电力相关业务的办理流程，提高办事效率，同时还能实现电子发票的便捷管理，让企业运营更加高效。

5）**新能源服务**：该服务专为新能源用户量身定制，提供光伏新装、设备采购、光伏计算以及电费结算等相关业务的办理。为了满足不同用户的需求，还提供了专业的光伏设备采购平台，可以根据实际需求选购合适的太阳能设备，同时还会提供详细的电费结算数据，让客户对光伏发电的收益了如指掌。

（3）典型场景。

1）**电费缴纳**：通过"网上国网"App可实现用户最常用的电费缴纳功能，其中包括低压客户缴费功能，通过户号进行相应电费缴纳，过程中可使用红包抵扣实现缴费优惠，提升用户使用"网上国网"缴费意愿度；智能缴费签约功能是指低压居民客户在电子渠道上通过身份证认证后，对智能缴费签约内容进行确认，核实户号信息、设置提醒金额、充值金额、充值方式，并通过调用签约代扣模块，完成智能缴费线上签约和预付费代扣一键办理。对于已签约智能缴费的客户，可通过电子渠道查看智能交费签约信息，并可进行相应修改；自动缴费功能是指为客户提供电费代扣签约服务（为已签约智能缴费的客户提供余额预警自动代扣服务，为未签约智能缴费的客户提供出账后自动代扣服务），客户只需一次签约，当触发扣款条件时，即可按照客户设置的扣款顺序，自动从客户的绑定账户中完成电费扣款。

2）业务办理：包含用户日常高频使用业务场景，例如：低压用户更名/过户、暂停/减容、企业客户需量值变更、新装、充电桩报装等业务的线上申请，通过智能表单方式，快速指引用户足不出户办理相关业务，提升用户体验与业务办理效率。

3）查询：停电信息查询，展示停电类型、范围、停送电时间等信息。客户进入停电信息界面，系统默认查询客户绑定户号所在地区当前及未来的停电情况（当用户绑定多个户号，可以切换用电户号进行查询）。同时，客户也可通过选择地区（省、市、县），时间（最近2天、最近7天、最近半个月、最近两个月），输入关键字（系统自动保留历史查询记录）等方式进行停电信息查询。服务记录查询涵盖业务记录、缴费记录、购物记录、95598服务记录和账单，同时涉及业务费缴费、业务催办、服务评价功能，整体实现为客户提供供电服务、电商服务、电动汽车、综合能源等领域的服务记录查询展示。

4）新能源：用户选择"光伏新装"业务，查阅业务办理须知并完成确认后，填写基本信息，上传各类必备申请资料的电子版，查阅业务办理须知并完成确认《自然人分布式光伏并网服务告知书》后提交业务办理申请。提交申请后，"网上国网"App客户是否需要通过"网上国网"App进行设备采购，线上应提供设备采购界面跳转。客户在光伏发电设备安装完成后可申请光伏签约业务，可在此光伏签约模块中查看电站监测信息、光伏账单信息及历史账单信息，领取上网电费及补贴。

2. 同期线损

（1）部署应用。一体化电量与线损管理系统采用了1.5级部署模式，这种模式的特点在于将存储、计算服务等资源集中于总部一级进行部署，同时接入数据库服务器，用于存储电量计算、异常信息、轻度汇总等重要数据。在这种部署模式下，省级部署数据接入与存储服务的任务主要通过国网陕西公司省级数据中台来实现。数据中台集成了各业务系统的档案、拓扑关系、电量以及异常等明细类数据，使得一体化电量与线损管理系统能够更好地实现跨业务系统的数据共享与应用。采用了先进的数据处理技术，能够快速地处理海量数据，并提供了清晰的数据展示和灵活的数据查询功能。同时，该系统还具备了异常检测和预警功能，能够及时发现电量和线损异常情况，并采取相应的处理措施，确保电力系统的稳定运行。

（2）功能介绍。系统主要功能有档案管理、关口管理、统计线损管理、同期线损管理、理论线损管理、电量计算与统计、线损报表管理、电量与线损监测分析、异常工单管理、全景展示、基础信息维护、线损重点工作检查。一体化电量与线损管理系统集成营销、运检、调度等专业系统数据，实现电量损自动生成、指标全过程监控、业务全方位贯电量与线损管理标准，提升了线损合格率和线损数据质量。

（3）典型场景。系统典型场景有关口管理，即全面细致地开展系统电能量关口检查，确保对电能量关口档案、计量与采集情况的全面掌握，以便实现电能量关口配置、异动、审核、发布的线上流转。这种方式能够有效地确保业务系统关口档案数据与现场情况保持一致，从而避免误差和混乱，提高工作效率和准确性。

3. 安全风险管控平台含智能工器具室

（1）部署应用。遵循国网总体架构设计和安全性要求，安全生产风险管控平台二期建设整体部署于信息内网，移动终端用户通过安全接入平台进行应用访问，通过安全隔离装置实现信息内网和信息外网之间的数据安全访问。这一设计充分保障了平台建设和数据的安全性，满足了国家和公司对信息安全的要求。

平台业务应用主要包括安全生产风险管控平台二期的功能优化提升、安全工器具全流程管理、县级安全管控中心、安全管控中心值班管理和安全生产大数据分析5大类。这些应用涵盖了公司安全管理的各个方面，从省公司的管理层，到地市公司、工区及基层班组人员的不同需要，全面、高效支撑安全管理各项工作。这些应用不仅满足了不同用户的需求，而且通过数据分析和预测，帮助公司更好地预防和应对潜在的安全风险，提高安全管理水平。

（2）功能介绍。系统主要包含了风险辨识和风险评估两大平台，通过建立完善的风险辨识库，以及规范化的风险辨识流程，能够全面提升对于风险的识别能力。同时，系统还通过评估系统自动生成各种预控措施、应掌握的安全知识和进行的相应安全练习，从而提供一种全新的"评→控→学→练"一体化预控型安全风险管理模式。

该模式不仅具备精准地监测、分析和预警安全生产风险的能力，而且能够形成一套集风险监测、评估、预警、管控和监督检查于一体的综合性安监平台。这样一套先进的系统旨在更好地保障电力供应的安全和可靠性，并且能够更好地满足现代社会对于电力供应的稳定性和安全性的高要求。

（3）典型场景。系统典型场景有计划管理、队伍管理、人员管理、现场管理、工器具管理。

1）**计划管理：** 对作业计划的全流程管控展示，在这里，不仅考虑到了临时的和抢修的计划，还将这些计划与对应的工作票以及工作票处理人员进行了关联。这样的设计让编审、发布流程更加流畅，同时，也能让营销和基建的计划与之同步，进一步扩大了计划管理的应用范围。通过这种方式，安监部能够对公司所有的作业计划进行全面的管理和监控，确保每一个环节都按照预定的计划进行。这不仅有助于保持业务的连贯性和稳定性，还能在遇到突发状况时迅速作出反应，适应不断变化的市场和业务环境。

2）**安全工器具全流程管理：** 对工器具采购计划的综合配置标准、班组类型、生产人数、试验状态、使用年限、报废情况、费用安排等数据的数据建模，实现了工器具全智能精准数据测算、班组标准化配置、采购派发时可按种类或指定班组派发入库，无须重复验收入库的操作。各单位安排管理员将最终的采购计划报送上级单位或领导审批，由上级单位进行汇总统筹评估的采购计划编制流程。

3）安全管控中心值班管理：值班人员对作业全程进行细致的监控，并在现场作业画面出现异常时，自动发出警示。确保能够迅速对异常状况进行跟进，并据此做出恰当的反应。可从多个角度记录管控中心的详细值班情况，包括视频查阅情况、违章检查情况、布控球的应用情况、管控中心现场工作状况以及系统使用情况等，以便从多方面了解值班状况，发现并解决问题。对值班过程中产生的数据的及时统计，有助于更深入地了解值班人员的实际工作表现和存在的问题。这些数据也可用于评估作业的安全性和效率性，以此提高整个作业过程的质量。管控中心值班日志的记录和编制也是值班管理中的重要环节，通过自动形成个人值班日志，能更准确记录值班人员的工作情况和所采取的措施。同时，此功能也极大地帮助值班人员减轻工作负担、提高工作效率和质量。

4. 供电服务指挥系统

（1）部署应用。陕西省电力公司从 2019 年 7 月 6 日正式启动供电服务指挥系统深化应用建设以来，在设备部、各地市供电服务指挥中心和各专业部门的共同努力下，于 2020 年 1 月 1 日，11 个市公司及下属县公司全部联入供电服务指挥系统。

应用架构符合国网信息化建设统一路线，依托数据中台作为数据支撑。业务支撑涵盖客户服务、配网运营、业务协同、质量监督等营配调业务。整合 SG186、PMS、D5000、GIS 平台等 13 套系统，实现指挥一平台。作为首套业务应用场景进中台，为数字化县公司提供强大的后台数据服务。从基层一线人员需求出发，着力构建"实一线、强前端、通中台、大后台"的现代服务体系，进一步提升供电服务水平。

（2）功能介绍。以提升客户服务满意率为主线，通过整合公司内部服务资源，实现服务渠道统一管理、服务过程统一调度、服务质量统一监督和服务信息统一发布，从业务受理，到工单派发，再到最后的客户回访，指挥监控有条不紊地贯穿供电服务全流程。

以提升供电可靠率为目标，在事前对配网的运行情况进行全面监测，及时发现异常情况，派发主动抢修、预警工单，降低因设备故障导致停电的风险，再借助预算式管控，进行先算后停，压降停电时户数，同时针对停电信息进行过程监控，保障停电计划执行规范。

（3）典型场景。

1）**智能可视化指挥调度**。抢修任务分布：在 GIS 地图上，综合展示当前抢修工作任务分布情况、开展进度情况，实时掌控抢修任务情况；抢修班组责任区域：在 GIS 地图上，综合展示各抢修班组抢修责任覆盖范围，对管辖范围进行高亮显示；设备信息查询视图：以设备树形式，提供电网设备检索查询，查看设备台账参数信息，并可实现设备在 GIS 地图上定位。95598 用户报修辅助抢修指挥：利用报修用户编号、用电地址等信息，检索营销系统数据，关联用户所在低压计量箱，实现用户报修点在 GIS 地图上定位，并以高亮方式显示，对于报修无用户编号的情况，利用用户名或报修地址，模糊检索营销系统数据，经人工干预确认报修用户记录，实现用户报修点在 GIS 地图上定位，并以高亮方式显示，智能移动终端 App 监视：通过掌上供服 App 的使用，配网故障抢修人员能够利用移动作业 App 参与抢修流程进行工单的处理，提高派单、工单信息回填及配网故障抢修工作效率，也使得抢修指挥中心能够实时获知现场的抢修状态，从而进行有效的把控。

2）**配网管理精细化**。①配电电缆（杆塔）巡视作业：以配网运维工作为核心，以用户和设备为管控目标，整合设备运行状态、周边环境、缺陷隐患等信息，自动生成工单、自动派单。依托于移动作业 App，对电缆（杆塔）进行巡视，实现巡视轨迹定位、必巡点位签到、设备拍照以及 RFID 标签管理，支撑电缆线路关键设备（如工井、电缆段、电缆接头以及杆塔）日常巡视工作，及时发现缺陷、解决电网存在问题，提升配网精益化运维管理水平。

②线损异常治理：建立线损异常治理闭环机制，实现早于10kV同期线损系统前一天发现线损不达标问题，以线损工单方式驱动，及时发现并高效解决异常问题为目标，加强线损过程管控，固化"异常研判 – 工单派发 – 治理跟踪 – 成效验证"闭环流程，通过营配调业务协同方式，实现线损涉及专业源头治理。③主动抢修工单：基于调度自动化、配电自动化、用电信息采集，生成中压线路、支线、配变、低压用户的主动抢修工单，并进行自动派单、停电信息通知、实时推送至抢修人员App，进行中压支线、配变故障抢修工单全方位的指挥、分析与管控，实现业务工单生成、派单、接单、处理、回复、工单评价等全过程管理。

3）客户服务。①业扩全流程监控预警：监控线上协同流转的业扩流程工单，对超过规定时长和应用率较低的工单进行预警和提醒。监控内容包括受理时间、接电时间、答复供电方案时长、设计审核时长、中间检查时长、竣工验收时长、装表接电时长、工单总时长、配套工程建设时长等，保障客户办电时长在规定时间内完成。②停电信息精准报送：依据停电申请信息，利用电网拓扑关系、联络开关运行状态信息进行电网拓扑分析，利用电网GIS进行图形化展现将停电影响区域及停电影响的用户。可按电压等级、标准化地址、是否重要客户等进行分类展示。

5. PMS 系统

（1）部署应用。遵循国网公司数字化转型战略，参照企业级技术架构现状设计总体架构，严格遵循"标准化、结构化、可视化、流程化、互联网化"建设思路，完成基础作业类11项统推应用建设，全面支撑输、变、配、直各专业业务开展。构建"活前台、大中台、强后台"的平台化技术支撑体系，按照"互联网化、可视化、结构化、标准化、流程化"的设计原则和思路，明确可视化应用服务配置、全方位数字化标准库、互联网风格人机交互、全过程高效简洁应用的统推应用优化调整工作重点，以打造纵向贯通、横向协同、灵活开放的设备资产数字化管理架构。横向贯通生产控制大区、管理信息大区及互联网大区。在这个架构的核心部分，依托感知层、平台层的"大云物移智链"技术，以及共性业务服务支撑能力，实现了设备之间的互联互通、人机之间的高效互动，以及管理决策的智能化。

将 PMS 应用架构划分为五大类：基础管理、设备管理、作业管理、分析决策和生态共享。这种分类的依据在于其业务能力的不同和需求的变化。PMS 数据架构的设计则坚持企业级定位，构建资源、资产解耦的企业级"一张网"新型主数据体系。这一体系基于一套数据模型，覆盖电网资源中台的资产、资源、拓扑、图形、测点管理等中台服务及应用。这种设计不仅指导了物理模型的设计，而且以电网资源中台优化提升为驱动，连接项目、物资、客户，实现了"电网一张图"由专业级升级为企业级共享服务。这一升级不仅优化了企业的运营模式，更提高了运营效率，推动了企业的持续发展。

（2）功能介绍。系统的主要功能可以分为五大类具体应用，包括基础管理、设备管理、作业管理、分析决策和生态共享。

1）在基础管理方面，该系统基于数据标准管理和生产组织管理等基础能力管理，为上层业务应用的实现提供了坚实的支撑。这些基础管理能力包括数据规范、数据治理、数据标准化、数据质量管理和数据运营等方面，通过这些能力的管理，实现了数据资产的统一管理和共享，为其他应用提供了可靠的数据基础。

2）在设备管理方面，设备管理是该系统的核心和基础，包括设备设施管理和作业资源管理等功能。这些功能支撑了作业管理应用的开展，实现了设备资产的全面管理和优化利用。设备管理体系的核心是设备台账管理、设备运行状态监控、设备维护保养、设备维修改造和设备报废更新等方面，通过这些功能的管理，实现了设备全生命周期的管理和服务。

3）在作业管理方面，该系统对生产业务全过程的管控聚焦于运检人员的现场作业，支撑数字化班组建设。通过智能化、自动化的现场作业管理，实现了运检人员的现场工作安排、任务分配、工作验收和绩效考核等工作的数字化管理与优化。同时，该系统还支持运检人员对现场作业的实时监控和数据分析，帮助运检人员提高工作效率和管理水平。

4）在分析决策方面，该系统基于设备运行及作业管理数据，实现了智能决策、智慧指挥等高级应用。通过对数据的实时监测和分析，该系统能够及时发现设备故障、安全隐患和作业异常等情况，并快速制定相应的解决方案和处理措施。同时，该系统还支持对设备的能耗分析、可靠性评估和维修策略的优化等方面进行智能分析和决策，为企业提供了更加科学和高效的管理手段。

5）在生态共享方面，该系统构建了行业级标准应用，连通国网上下游企业、政府单位等各类合作伙伴和客户，通过业务互联互通促进了业务创新。这种生态共享模式不仅提高了企业之间的合作效率，还推动了整个行业的创新和发展。同时，该系统还支持企业内部的业务协同和信息共享，实现了企业内部资源的优化配置和高效利用。

（3）典型场景。变电人机巡视：这一创新模式，减少了大量烦琐的作业数据回传工作，实现了数据自动获取和即时回传。通过这种方式，工作人员可以更加专注于设备的运行和维护，而不必担心数据记录和整理的困扰。在准确性和实时性的基础上，人工智能的引入还大大提高了数据处理效率，为整体作业流程的优化提供了强有力的支持。

6.配网工程管控平台

（1）部署应用。系统整体是基于云平台进行开发，具有高可用性、高可扩展性和高安全性等特点。系统分为信息内网、信息外网、互联网公网三个层次，每个层次都采用不同的部署方案和架构设计，以确保数据安全和系统稳定。

1）信息内网，是公司内部的核心网络，承载着公司最重要的业务和数据。为了保障信息内网的安全性和可用性，该层次采用了华为云 ECS 服务器部署应用服务集群的方式，确保应用的高可用性和可扩展性。同时，信息内网还采用了 RDS 云数据库存储业务数据，保证数据的实时性和一致性。此外，为了提高系统的响应速度，信息内网还使用了 Redis 缓存数据库缓存常用的数据，以减少数据库访问延迟。

2）信息外网，是公司外部网络的重要组成部分，为公司提供移动应用的支撑接口服务。为了满足信息外网的需求，该层次采用了资源池虚拟机部署移动应用的支撑接口服务集群的方式，实现快速部署和扩展。同时，信息外网还采用了负载均衡技术，以提高系统的可用性和性能。

3）互联网公网，是公司向公众提供的公共网络通道，让用户可以安全、可靠地使用公司的移动应用。为了保障互联网公网的安全性和可用性，该层次采用了高性能的负载均衡器和防火墙等设备，确保系统的稳定性和安全性。同时，互联网公网还采用了 CDN 加速网络节点部署的方式，以提高用户访问速度和响应时间。

（2）功能介绍。配网工程管控系统成功实现了实时化、动态化、可控化的管理方式，对配网工程进行全面、高效、专业的信息化支撑。该系统可以实时跟踪、响应各项工作内容，并采用配网工程 App 等微应用将工作成果一体化贯通，实现在线流转。这种管理模式为配网工程管理水平的提升提供了有效的技术手段，使其更加精细、科学、高效。

（3）典型场景。配网工程的典型场景有项目需求编制模块、里程碑计划、缺陷储备、档案资料等。其中施工管理、里程碑计划场景可以对配网工程全过程进行在线监管，在项目的各个阶段进行督促、告警、预判等，落实配网项目精准管理的要求。

1）项目需求编制管理：配电网项目需求编制辅助支持模块，为配网工程全过程建设提供数据支撑，支持对工程前期勘测进行管理和分析，作为工程的主线，对勘测成果、编制成果进行管理，对接 PMS 系统并将编制成果上传至 PMS 系统，实现建立全省的项目需求储备库，合理规划项目需求进度。通过系统创建项目—勘测成果管理—编制成果管理—入库上传至 PMS。

2）里程碑管理：系统支持里程碑计划的调整操作，由于外界其他因素导致项目延期，可申请单节点或者多节点的里程碑计划调整，调整时上传佐证材料及填写原因，由上级管理单位审核通过后，完成计划调整。系统支持里程碑计划的取消操作，由于需求或设计变更需要取消项目时，可通过系统对项目的里程碑计划进行标记，取消后计划不纳入告警、预警、数据考核统计机制，仍可留存历史数据进行查看。实现里程碑执行——进度预警——里程碑作证资料确认。确保里程碑各节点实际完成时间的准确性和可靠性。

3）**配网工程管理：** 实现从发展部配网规划设计平台中自动获取各供电公司投资项目清单，并统计单项工程的投资金额并归总为批次的总金额。通过对接 ERP 系统，从 ERP 系统中获取批次投资计划下达的项目清单，建立批次项目属性对应关系和项目所属机构映射关系，将投资计划下达批次项目清单直接转换生成配电网工程全过程管控平台中的工程，取代之前人工导入工程的工作，同时严格与投资下达项目清单保持一致。

7. 营销系统

（1）部署应用。营销系统在技术架构实现上，遵循 J2EE 技术体系，采用组件化、动态化的软件技术，利用一致的可共享的数据模型，按照界面控制层、业务逻辑层、数据层实现多层技术体系设计，通过一体化企业级平台的应用集成，实现营销业务的各接口组件能够在企业内的协同工作、各层次上集成，实现通用，以满足全公司范围内各职能层次的营销管理的不同业务需求，纵向贯通与横向集成的信息交互，为客户和业务联系单位提供高效便捷的服务，为内部业务和管理人员提供技术先进的工作平台和灵活的业务构造能力。

技术架构设计十分注重各组件的松耦合性和可扩展性，采用面向对象的设计思想，将各个业务功能模块化，利用接口实现不同模块之间的通信和交互。同时，该系统还采用了先进的工作流技术，能够实现业务流程的自动化处理和优化，提高工作效率和质量。在数据模型方面，采用了一致的数据模型，实现了数据的标准化和规范化，保证了数据的准确性和完整性。同时，该系统还支持多种数据源的接入，能够将不同来源的数据进行整合和共享，实现了数据的最大化利用和价值挖掘。在应用集成方面，该系统采用了企业级一体化平台的应用集成方式，将各个业务系统进行整合和互联互通，实现了信息的共享和交互。同时，该系统还支持多种消息中间件和数据中间件的集成，实现了信息的快速传递和处理。

在物理架构设计方面，该系统采用了先进的软硬件支撑平台，如主机、备份、应用中间件、数据库软件等，保证了系统的稳定性和可靠性。同时，该系统还采用了统一规划的存储系统、备份系统和容灾中心，保证了数据的存储安全和备份恢复的可靠性。此外，该系统还支持多种设备的接入和扩展，能够满足不同用户的需求。

（2）功能介绍。营销系统包括19个业务型：新装增容及变更用电、抄表管理、核算管理、电费收缴及账务管理、线损管理、资产管理、计量点管理、计量体系管理、电能信息采集、供用电合同管理、用电检查管理、95598业务处理、客户关系管理、客户联络、市场管理、能效管理、有序用电管理、稽查及工作质量、客户档案资料管理。其功能全面满足客户服务、业务处理、工管理监控、分析决策等各项业务处理和管理要求，并与各业务进行横向整合、信息共享，实现用户实时购电交易、业务协同处理及监控、电子支付、自助服务、客户关系管理、95598客户服务，这19项业务类型全方面覆盖了营销系统业务，形成统一、标准、规范的营销管理与客户服务，实现内部跨部门业务流程协同与数据融通共享。

（3）典型场景。系统典型场景有业扩报装、抄表管理、核算管理等，通过这些场景用户可以实现线上用电申请，查询电费余额，助力电力工作人员实时掌握用户欠费情况，从而推动电费回收办理工作，提升营销工作的便捷性。

1）**抄表管理**：在营销系统中，通过制定抄表计划、数据准备、抄表、抄表数据复核来完成抄表工作。其中抄表阶段分为远程集抄和手工抄表两种方式。①远程集抄：采集系统将用户的抄表示数存放至采集中间库，抄表例日当天，系统自动推进计划至数据下载状态，营销系统直接从采集中间库获取示数，此过程不需要人工操作，成功获取示数后计划推进至上传状态。②手工抄表：手工在系统上进行数据录入。最后进行复核工作，利用系统配置的相关复核规则，核算异常数据，人工判断异常数据是否需要复抄。

2）业扩报装： 业扩报装细分为高压新装与低压居民新装业务。客户在进行高压新装业务申请时，营业班业务受理员需在营销系统高压新装表单中填写相关申请信息，进行业务受理。其中，业务受理内容包括申请信息、用户扩展属性、客户信息、证件信息、联系信息等。针对业务受理工单进行勘察派工，现场勘察工作完成后录入编制供电方案信息，包括电源方案、受电方案、计量方案、计费方案等。这是整个流程中关键环节之一。最后，实现从申请到业务验收全流程的计划管控。

3）核算管理： 在营销系统中，实现从电费计算—电费审核—电费发行的核算流程，可按抄表段、用户计算电费形成电费审核单，审核通过后进行电费发行工作，若当用户某月电费有问题，但电费已经发行，可使用非政策性退补进行校正。

8. RPA

（1）部署应用。RPA 系统主要是由编辑器和机器人（studio and robot）为依托，遵循国网公司的规范部署。

编辑器（studio）是一个完整的应用程序集成自动化解决方案，基于 Workflow Foundation，采用 .net 对 windows 系统自动化原生支持，直接对接操作系统 API；可自动执行自动化任务流程，通过软件机器人自动执行 IT 任务或管理 IT 业务流程。其主要有组件查找定位、支持模块化开发、支持录制开发、支持单步断点调试、具备异常处理能力组件、AI 技术拓展等功能。

RPA 系统主要是由编辑器和机器人（studio and robot）为依托，遵循国网公司的规范部署。编辑器（studio）是一个完整的应用程序集成自动化解决方案，基于 Workflow Foundation，采用 .net 对 windows 系统自动化原生支持，这意味着它可以更加高效、稳定地对接操作系统 API，实现自动化任务流程的执行，直接对接操作系统 API；可自动执行自动化任务流程，通过软件机器人自动执行 IT 任务或管理 IT 业务流程。其主要有组件查找定位、支持模块化开发、支持录制开发、支持单步断点调试、具备异常处理能力组件、AI技术拓展等功能。

此外，编辑器还支持录制开发，用户可以通过简单的点击操作来自动生成自动化脚本，减少了手动编写代码的工作量。同时，编辑器还支持单步断点调试功能，这使得用户可以更加方便地调试自动化脚本中的错误，提高脚本的准确性和稳定性。编辑器具备异常处理能力组件，它可以自动处理运行过程中可能出现的异常情况，避免因异常情况导致任务执行失败。此外，编辑器还采用了 AI 技术进行拓展，这使得它可以更加智能地执行自动化任务，更好地满足用户的需求。

机器人（robot）是一个高度智能化软件机器人，作为智能 RPA 的执行代理，它能够根据用户在智能编辑器内预先设定好的工作流程进行自动执行，从而替代了繁琐的人工执行过程。智能机器人拥有强大的功能。可以快速、准确地抓取大量数据，从而为日常工作流程提供高效的数据处理能力。拥有强大的二维表数据处理能力，可以轻松地处理各种复杂的数据任务，使数据处理工作变得更加便捷。机器人能够准确地识别各种复杂的验证码，从而解决这一繁琐的任务，能够更专注于其他重要的工作。即使在电脑关机的情况下也能够保证机器人的持续运行。能够实时记录数据变化，并支持多种格式的输出，从而方便随时查看机器人工作情况。当机器人遇到异常情况时，它可以自动恢复并发出告警信息。机器人内置 OCR 引擎，可以快速、准确地识别图片中的文字信息，从而为日常工作提供更多的便利。可以根据需要设置机器人的工作时间和任务执行计划，从而实现机器人按照您的计划自动执行任务，节省大量时间和精力。

1）Robot：机器人运行环境，包含机器人运行所需的组件和依赖包。

2）Studio：机器人流程编译器，提供机器人流程创建、编辑等功能。

编辑器和机器人程序依赖 .NET Framework 4.6.1 版本，需预先安装 .NET

4.6.1。

（2）功能介绍。使用 ISC 门户账号登录 RPA 平台。门户页面有首页、数字员工集市、数据汇总、个人工作台、流程设计工程、运行控制台等功能模块。

1）门户首页：可视化数据的统计在门户首页被集中展现，包括了 RPA 服务中心、热点应用、热门标签以及新闻资讯等核心信息。这一设计理念旨在满足用户的多元化需求，提供全面且及时的数据更新。门户首页同时呈现出丰富多样的订阅选项，用户可根据自身需求，定制个性化的订阅列表。用户可以随时获取自己需要的最新信息和应用更新，实现信息获取的高效化、精准化。在数字员工集市方面，页面同样提供了丰富的订阅选项，用户可以根据实际业务需求灵活地配置和扩展数字员工。数据汇总部分则对 RPA 服务化组件平台的三个主要模块和五个特定权限角色进行了全面概述和总结。使用户能够更好地理解和掌握整个 RPA 服务化组件平台，为其在实际应用中做出明智决策提供有力的信息支持。数据汇总部分以简洁明了的方式呈现了关键信息，有助于用户更好地理解和使用这一平台。

2）个人工作台：主要是应用订阅 / 执行、应用共享申请、需求提报和验收、问题反馈（问题提报）。

3）流程设计工程：处理和审核需求 / 问题工单，场景开发和应用上传、设计器试用的审核等业务等。

4）运行控制台：审核应用共享的申请，管理应用库、权限分配、系统配置、数据管理等业务，系统功能场景围绕营销、配网、基建、供服等专业的高频率操作、跨系统数据操作、数据 / 业务量大的业务特征需求建立，助力用户提升大幅缩短工时，提高业务时效性、高度的准确率，提升业务质量，减少重复工作实现基层减负。

（3）典型场景。机器人流程自动化（robotic process automation，RPA）的典型功能场景包括许多日常业务场景，例如采集失败户补抄、线损异常台区统计和台区经济运行率统计等。这些功能场景的复杂性、重复性和繁琐的工作，常常让基层员工疲惫不堪，难以维持高效率和质量。RPA 可以自动完成数据采集、计算、分析等繁琐工作，使基层员工从繁重的劳动中解脱出来，从而优化了他们的业务流程。通过这种方式，员工可以节省时间和精力，提高业务水平，提升供电服务质量；提高工作效率和准确性，降低操作成本和错误率，并提高客户满意度；实现 24/7 全天候服务，随时响应业务需求，并确保数据的准确性和及时性。

1）供电所指标日检测看板：通过先进的 RPA 技术，可以自动生成线损异常台区统计等 13 个问题清单报表，使供电所更加便捷地监测各项指标并处理相关问题数据。这一举措能够显著减少操作复杂度，降低人为操作失误，提高工作效率，使供电所能够更好地参与到"标准化、精益化、数字化"县公司的创建过程中。这些改进将有助于提高供电所的运营效率和服务质量，为县公司的快速发展提供有力支撑。

2）用户逾期交费信息导出：实现每月 15 日凌晨让系统自动导出一份逾期交费用户名单。对于部分长期无法按时结零用户，对于公司电费全面回收造成了困难。若能在电费发行后尽早与此部分客户取得联系，则能大大提升公司电费回收率。

3）线损异常智能诊断分析：为了有效提升供电所线损异常台区的治理效率，按照一体化系统百强创建的严格指标，需要以供电所为单位进行细致的操作。每日导出采集系统中 $T-1$ 日的台区线损明细，以此为基础，对非经济运行的台区进行筛选。针对所有表计的日冻结电能示值、电压曲线数据、电流曲线数据，进行智能筛选和分析，以便精准定位数据异常的表计，显著提升台区的经济运行效率，能够及时发现并解决线损异常问题，进而提高电力系统的整体性能和稳定性。

9. 数据微应用

（1）部署应用。数据微应用是指按照国家电网公司的信息化技术架构要求进行部署的一种数据处理与应用方式。其使用的结构化、非结构化、采集量测、外部数据、API 数据服务接口等不同类型的数据资源，均来源于数据中台这一统一的数据管理平台。通过数据中台的数据管理组件，对中台内部的各种数据进行采集、盘点、目录构建、目录挂接等操作，进而将数据资源目录以及数据资源基础信息数据接入到数据应用门户的数据存储区中，以支持数据资源展示相关功能模块的正常运作。

在为用户提供业务支撑方面，基于数据中台的运用主要涵盖了需求梳理、数据加工计算、应用建设、应用发布、应用部署五个部分。这些部分不仅确保了数据中台的高效运行，也为用户提供了全面而可靠的业务支持。首先，需求梳理是指对用户的需求进行全面分析和整理，以便更好地满足用户的需求。其次，数据加工计算是指对数据进行加工、计算、分析和挖掘，以获得更精准的数据结果。第三，应用建设是指构建各种应用系统，以支持不同业务场景的需求。第四，应用发布是指将构建的应用系统发布到数据中台上，以供用户使用。最后，应用部署是指对应用系统进行部署和配置，以确保其正常运行和稳定运行。

（2）功能介绍。系统已成功上线155个微应用，这些微应用充分融合了经营管理、生产运行、营销管理等各系统模块的数据，以一个数字化应用平台为坚实后盾。这些数据包括各种专业场景，如营销、供服、配网、发展等，进一步推动了业务的精益化管理。这个系统的主要目标是解决业务人员在日常工作中的痛点、难点问题，其突出的特点在于需求来源"微"、响应速度"快"、应用成效"高"。

（3）典型场景。

1）七日线损统计：通过分析营销系统中的数据，帮助线损工作人员快速统计、定位和分析线损异常，以便及时采取措施处理异常，提高工作效率。

2）三项不平衡监测：利用人工智能技术对电网设备运行数据进行精准分析，通过三相不平衡电流数据筛查，及时掌握电网设备的运行情况，为调整重负荷路线和治理重过载配变台区提供科学依据，确保用电安全。

3）客户档案关键信息缺失统计：根据区县、供电所等信息进行筛选，自动显示出该供电所内所有在营销系统中客户档案关键信息有缺失的用户明细，以便供电所及时采取措施完善客户档案信息，提升对客户的跟踪服务质量。

4）配变过载记录：记录了每个配变的过载情况，展示包括单位名称、地市名称、配变名称、城农网、日期、发生时长、变电站名称、线路名称、配变容量等详细信息，为分析和预防配变过载提供有力支持。

5）工作票统计分析：针对各单位每天大量的非重点计划的工作，自动办理工作票，记录临时工作、部分配网工作等信息，并根据工作票来统计外委施工队的工作量和工作的规范程度，倒逼工作流程管理，实现工程的过程管控数字化转型。

6）抄表段号对应台区经理查询：通过数据微应用，帮助用户方便快捷地根据抄表段号查找对应的台区经理，实现了抄表段号对应台区经理查询的简便化。

7）台区用户低电压分析：基于 HPLC 电表深化应用功能，查询每日台区低电压用户明细，辅助线损专责排查线损异常台区问题并对电网建设投资提供依据，提高工作效率。针对用户低电压问题，按照相别、台区等类别增加统计和分析维度，提高场景应用范围，增加实用性，初步确定故障出现的位置，缩短故障排查时间，提高用户体验。

10. 运营监测

（1）部署应用。本系统严格遵循数据中台的整体架构，对各种业务数据进行采集，然后进行数据提取、清洗、计算、汇总等操作，所有这些数据都通过数据仓库进行归集整理，形成各业务数据集。通过提供 URL 地址的方式，实现了对常态监测主题业务数据的统一存储和管理。这一系统能够有效地支撑业务分析应用，对各种复杂的业务场景进行深入的分析，并将分析过程中发现的各种异动问题数据进行线上和线下的处理。运用了"电网一张图"的先进理念，将所有的数据都整合到一张图上进行分析和展示。这张图不仅提供了直观的数据展示方式，而且还可以实时更新数据，让用户能够随时了解最新的情况。通过这张图，可以清晰地看出数据的分布和趋势，从而更好地理解业务情况。将所分析出的异动问题数据进行线上下发、闭环处理，确保问题能够得到及时有效的解决。

（2）功能介绍。运营监测分析业务广泛涵盖了21项营销服务、6项生产运行、8项经营管理以及3项支撑保障等方面，涉及配网、营销、PMS等多个业务系统。其核心目标在于按照日、月等时间维度，对台区线损、配网停电、电量电费等各专业业务场景数据进行常态化的更新及监测分析。这一过程中，它以异动数据为问题导向，深度挖掘并识别出业务上的问题，进而形成有效的分析报告和改进建议。此外，运营监测分析业务还负责线上问题的闭环处理，确保各类问题得到及时、准确和高效地解决。

（3）典型场景。运营监测典型场景有表计失压、农排大电量、居民大电量、表计断流、频繁停电等，这些典型场景主要是对营销系统用户用电方面的在线监测分析，降低故障抢修、提升供电质量，提供优质服务。

11. 分布式光伏群管群控

（1）部署应用。系统业务方面主要分为系统后台、系统应用、系统展示。

1）系统后台主要是实现系统的基础配置内容，如权限配置、数据接入等；系统应用主要实现对低压新能源的管理和指令控制，管理主要体现在光伏全景展示、台区承载分析、私增容用户识别等业务应用上，指令控制主要实现多单台多台设备的开关机、参数调节等业务应用；系统展示主要实现对监测结果的可视化展示，实时数据的可视化展示等内容。系统应用方面主要包含基础应用和业务应用两部分内容，其中基础功能是实现业务用户、权限、日志的管理等内容。业务功能主要是包含低压新能源管理系统中的光伏全景展示、逆变器状态监测、私增容用户有效识别、逆变器群控、台区承载力分析、设备分析报表等内容。

2）系统业务方面主要分为系统后台、系统应用、系统展示三个重要部分。①系统后台主要负责实现系统的基础配置，如同权限配置、数据接入等核心功能，是整个系统的基石。②系统应用则主要针对低压新能源的管理和指令控制，其中管理主要体现在诸如光伏全景展示、台区承载分析、私增容用户识别等核心业务应用上。指令控制则更侧重于实际操作，例如对多单台设备和多台设备的开关机、参数调节等业务应用。③系统展示部分则主要负责对监测结果进行可视化展示，包括实时数据的可视化展示等内容，以提供更直观、清晰的数据呈现。

在系统应用方面，主要包含基础应用和业务应用两部分核心内容。基础应用是整个系统稳定运行的重要保障，它负责实现如业务用户、权限、日志等核心管理功能。而业务应用则更侧重于低压新能源管理系统的各种业务功能，如光伏全景展示、逆变器状态监测、私增容用户有效识别、逆变器群控、台区承载力分析、设备分析报表等核心内容，这些功能共同构成了系统的业务应用主体。

（2）功能介绍。系统功能有光伏全景展示、光伏台区检索、逆变器状态监测、台区承载力分析、反向有功识别、设备分析报表、光伏运行监测、发电量短期预测、分布式光伏预警、光伏用户检索等，通过对用采、物联管理等业务系统数据交互，提升电压质量、台区负载率和配网自动化等相关业务指标，实现光伏发电系统的优化管理、运行控制和安全保护，提高了光伏发电的效率和质量，保障了电力系统的安全稳定运行。

（3）典型场景。典型场景包括光伏全景展示、光伏台区检索、光伏运行监测以及分布式光伏预警等。这些功能模块不仅能够全面展示实时负荷，还可以根据不同的区县供电所维度，提供准确的统计结果。通过台区用户总数、负载率、用电总量以及接入位置等因素指标，能够自动监测各供电所的异常报装容量，并进行有效的查询和管理。这种方式有助于及时发现并处理私自增容的用户，确保了电力系统的稳定和安全运行。

3.5　应用一平台

部署上线"数字化工作台"，集成财务、安监、运检、供服、营销相关业务界面，代替以往 16 套系统来回切换，将链条长、管控难度大的业务转为线上化，提高效率、节约生产力。设计静态电网资源信息和动态指标管控信息模块，实现多个自动化系统设备动态数据与设备静态数据在数字化工作台的有效融合，为设备异常监测与故障研判提供基础数据支撑。

3.5.1　构建"应用一平台"

"应用一平台"是电力县级企业数字化建设的重要载体，它以"不替代、不推翻"原有系统为原则，在保持原有系统稳定性和可用性的基础上，通过先进的技术手段和策略，实现业务流与数据流的解耦。通过采用"微应用"的方式，平台能够整合各业务系统功能，构建轻量级工作平台，满足各级员工的数字化需求。

"应用一平台"的优势在于它能够提供一个集成的环境，可以打通电力县级企业数字化建设过程中多专业多部门、不同系统 / 平台的分散信息。通过这种方式，"应用一平台"能够以"一平台"推动各专业各部门间不同应用的协同，降低系统切换频次，从而打破信息壁垒与应用"孤岛"。

平台构建由基础平台和业务场景组成。基础平台搭建工作台技术底座，提供技术栈支撑、微服务容器、业务协同组件等公共功能。这些功能是实现应用独立开发部署、开放集成、灵活交互的关键。同时，充分利用业务中台、数据中台和技术中台的公共服务技术能力，通过整合共性业务需求，实现多场景能力复用，支撑生产、营销等业务应用。

"应用一平台"不仅能够提供高效、可靠的技术支持，还注重用户体验和业务流程的优化。通过自主研发、自主知识产权的技术和策略，应用一平台能够支持应用开放集成，形成公共平台。这种公共平台不仅能够提高工作效率、降低成本，还能够推动数字化建设的可持续发展。

3.5.2 "应用一平台"部署及应用

1. 部署应用

工作平台以电网一张图为基础，数据方面依托数据中台，建设厂商应自行根据原始数据表进行数据关联，涉及设备台账、地理图形、量测数据及其他基础业务数据。展示方面依托电网 GIS 实现地理信息及电网可视化，为微应用建设提供电网网架及地图展示服务组件。

（1）部署工作平台前端通用组件包。以 JS 的形式，对工作平台项目中前端通用功能进行封装，同时提供前端显示控制及交互支持，为其他建设厂商提供前端技术支撑。

具体包含：通过构建通用 Web 前端 SDK，实现对电网一张图项目中前端通用功能进行封装，同时提供前端显示控制及交互支持，为其他建设厂商提供前端技术支撑。

（2）部署 UI 组件。归纳和标准化设计常见容器类 UI 组件、常见数据展示类 UI 组件、常见弹出类 UI 组件，配备组件设计及使用文档，完成标准组件开发。部署目标将实现工作台多应用集合时的后期工作量缩减。

容器类 UI 组件：基本面板（Panel）、布局管理（Layout）、标签布局（Tab）、滚动视窗（ScrollPanel）等；数据展示类 UI 组件：基本列表（List）、基本表格（Table）、富文本列表（RichList）、树形列表（Tree）、水平工具栏（HToolBar）、垂直工具栏（VToolBar）等；弹出类 UI 组件：简易弹窗（Popup）、标准弹窗（Dialog）、提升消息（AlertDlg）、字段输入（PromptDlg）、确认框（ConfirmDlg）、闪烁消息（Toast）、浮出框（Tip）等。

2. 功能介绍

工作平台整体采取微应用形式将各不同场景进行聚合在同一平台——工作平台中，紧抓"应用一平台"的方针。在工作平台左侧的目录中，按照专业分类，展示微应用模块，通过模块指引可在该平台打开各个应用进行相应操作。除首页、全景外，包括发展、安监、运检、供服、营销、财务、物资、综合八方面，进行不同专业方向的微应用聚合。

工作平台采取采用 ISC 认证登录方式，针对不同的地市及使用者角色进行权限配置，可见模块有所不同。首页支持电压等级筛选、四十层级下传、设备名称搜索。基于电网设备全面与地图相结合的一张图，结合各个应用模块，实现应用的集成。

3. 典型场景

典型场景包括像动态电网全景这样的复杂电力系统画面，以及智能工器具室等与电力设备密切相关的场景。除此之外，低电压监测也是一个重要的应用领域，它能够实时监控电网电压，确保电力稳定供应。当电力出现故障需要抢修时，抢修指挥便成为不可或缺的一环，它能够迅速组织资源和人力进行修复，恢复电力供应。

对于配网运行来说，重过载监测是必不可少的，它能够实时监测配电网的重过载情况，防止因过载而导致的故障。此外，配网运行看板、工单看板、停电看板等场景也是电力工作中不可或缺的一部分，它们能够实时展示配电网的运行情况、工单处理情况以及停电情况等信息。

在"工作平台—营销—数字化供电所"中，针对供电所层级的功能应用模块设立了一个应用中心，即"一中心"。该中心全量接入相关微应用，减少了跨平台查看的麻烦。此外，针对指标、运行、工单、制度、安全、所务等不同方面的信息，也分别展示了相应的看板信息，即"六看板"。这些看板信息直观地反映了供电所的各项情况。同时，还设有台区画像、台区经理画像、综合柜员画像、客户画像等"四画像"，形成了相应的资料库，为供电所的工作提供了全面的数字化支持。

通过这些数字化手段的应用，可以实现工作减负、减少非必要跨平台工作等目标。这些功能模块的应用不仅能够提高工作效率，减少工作量，还能够提高工作质量，减少工作中的误差和失误。同时，这些数字化手段的应用也能够提高工作安全性，减少工作中可能出现的风险和危险。

3.6　作业一终端

"i 国网"是一个全面而高效的应用程序，只需一次登录，用户即可轻松开展生产运维、配网建设、营销服务三个重要领域的多种业务。它以用户为中心，通过打通内外网络，解决了以往需要使用多个终端和应用程序才能完成工作的繁琐问题。

为了提升工作效率和便捷性，"i 国网"还引入了手机、背夹、打印机这"新三样"设备配置。通过个人手机，用户可以随时查看用户档案、台区信息、线损指标、绩效积分等关键信息。而背夹则是一款功能强大的现场作业工具，可以完成现场补抄和复电操作。此外，通过连接蓝牙打印机，用户可以在现场生成纸质合同，从而大大提高了基层员工现场作业的便捷性和效率。

"i 国网"真正实现了"一机在手、应有尽有"的愿景。它不仅提供了全面的业务功能，而且通过简化和优化业务流程，使用户能够更高效地完成工作，从而提高了整体的工作效率和满意度。

3.6.1　构建"作业一终端"

构建"作业一终端"是电力县级企业数字化建设的基本需求。坚持"最小化精准采集＋数字系统计算推演"，优化公司采集感知布局，实现跨专业感知层资源共建共享，同类感知终端不重复部署、同一数据只采集一次，同一点位"一终端、一次采、多处用"，降低建设成本。将各专业原有内外网移动应用进行外网化改造，整合移动作业终端，推广应用"手机＋背夹＋蓝牙打印机"新三样，持续深化"点、选、扫"极简操作，基层减负提升现场作业效率与质量。另一方面统一移动应用入口，推动移动应用外网化迁移，加强"i 国网"推广应用，基于"i 国网"上架数据采录、配网工程管控、营销标准化作业、掌上供电服务等 App，统一上架、集中纳管，最终实现现场作业"一机通办"、应用"一个入口"的作业一终端数字化新模式。

在这个构建过程中，作业一终端作为电力县级企业数字化建设的基本需求，显得尤为重要。对于各专业原有内外网移动应用的改造，需要进行深入的外网化处理。这种改造的目的是整合移动作业终端，使其能够更好地服务于基层减负提升现场作业效率与质量的需求。

另一方面，为了实现统一移动应用入口的目标，需要推动移动应用的外网化迁移。这种迁移的目的是加强"i 国网"的推广应用。通过在"i 国网"上架数据采录、配网工程管控、营销标准化作业、掌上供电服务等 App，实现统一上架、集中纳管的管理模式。这种管理模式能够有效地提高现场作业的效率和质量，最终实现现场作业"一机通办"、应用"一个入口"的作业一终端数字化新模式。这种数字化新模式的应用，不仅能够提高工作效率，而且能够降低成本，为电力县级企业数字化建设的发展打下坚实的基础。

3.6.2 "作业一终端"部署及应用

1.i 国网应用

（1）部署应用。"i 国网"与微信进行了内外部混合互联，对微信小程序、服务的集成接入，通过与聊天转发分享能力相结合，全面兼容 Cordova、UAPMobile、TMF 开发框架。提供的无网络离线支撑、外设接入、轨迹采集、语音播报等移动作业支撑能力，让用户可以更加便捷地进行各种操作。此外，"i 国网"还提供了 280 余个组件 API 接口，并基于自然语言处理（NLP）、语音识别、图像识别（OCR）、智能搜索等先进技术，深度融合各业务应用的智能识别、搜索，扩展接入支撑应用接入，引入互联网开发框架，同时支撑 H5 应用、微信小程序和独立外部 App/ 服务等接入支持。另外，"i 国网"还构建了蓝牙、生物识别、数据交互等 40 余种通用组件，并封装了 200 余个标准接口的通用组件，方便用户进行各种应用和服务的开发和部署。图 2 所示为 i 国网应用总体架构。

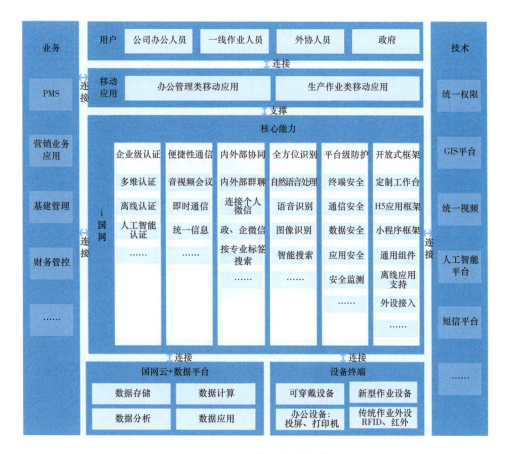

图 2 i 国网应用总体架构

（2）功能介绍。

1）**音视频会议** 系统分为桌面版、移动版两种模式，提供各类音视频线上会议服务，包括预定、主持人会控、多种会议通知等。无论是商务会议、教育培训还是远程医疗等领域，音视频会议都能满足各类需求，实现高效沟通。

2）**组织通讯录** 可与组织架构中的人员直接发起对话，添加好友查找精准，支持单人对话、批量工作建群等操作。同时，还支持多种消息类型的发送，包括文字、语音、图片、文件等，让沟通更加便捷、高效。

3）**工作台** 分为个人、单位、专业三个应用类型，每个类型都拥有众多实用的功能。个人工作台可按用户自主编排音视频会议、消息中心、宣传推广、应用推荐及管理、工单区等功能界面。单位工作台内配置本单位宣传、活动、学习、服务类等内容，方便员工了解单位动态。专业工作台可开放各专业的定制化，以信息宣传、发布为主，也可创建特色功能，满足不同专业领域的需求。

4）**实时资讯**　使公司重要活动、学习、业务等相关要闻一目了然，便于员工快捷获取各类资讯。

5）**移动微应用**　"i 国网"应用中心集合公司设备、营销、运检等超 200 多个专业领域移动应用，包括办公类、作业类、服务类三大类。用户可以根据自己的需要，即点即用，一键添加、删除。这一功能让员工随时随地都能轻松处理工作事务，提高工作效率。

（3）**典型场景。其典型场景包括：**

1）**移动办公微应用**　提供了公文流转、会议办理、事项审批、信息查阅等功能，是一个便捷、高效的办公软件，帮助用户轻松完成日常工作任务。通过构筑泛在办公模式，该应用致力于提升工作效能，使办公变得更加便捷和高效。

2）**安监管理微应用**　协助现场作业人员，利用便携设备完成对工作情况的上报，满足安全风险实时动态管理要求，提高现场安全管理效率。

3）**在线学习微应用**　提供了员工在线学习、在线答题以及积分累积等功能。这个平台成为员工自我提升、终身学习的得力帮手，有助于培养员工的学习积极性和知识储备。

4）**"i 国网" App "AI 助手"**　是一款智能化的工作助手应用，它支持光学字符识别和语音识别两种服务。其中，光学字符识别服务可识别纸质打印文字、身份证、银行卡、增值专票等 12 种字符，准确率高达 98%。语音识别服务则包括语音笔记、实时转写、录音转写等 5 种服务。通过一键复制或直接发送至内网邮箱，用户可以轻松完成识别结果的导出和利用。此外，"AI 助手"还提供"随手拍"样本采集服务，实现电力样本数据的快捷采集、精准识别和智能标注。这一功能为用户提供了更加便捷、智能的工作方式，大大提高了工作效率。

2. 全能办推广应用

（1）部署应用。"全能办" App 是基于"电网一张图"和"i 国网"平台开发的，严格遵循国网公司的安全防护体系，融合了多项新技术，包括人脸识别、RPA 机器人、电子签章以及蓝牙打印等。该应用还支持背夹、蓝牙打印机等外设联调组件，以工单驱动为主线，提供统一消息服务、工单服务、地图服务、电子签名、便携打印等多种服务。

通过集成"点、选、扫、拍、签"等极简操作模式，该应用成功打通了营销业务应用系统、用电信息采集系统、营销智能稽查等业务系统。目前，"全能办" App 已上线移动端工单中心、业扩报装、一键换表、表计调参、抄表复电、档案查询、线损助手、移动稽查、电子合同、箱表孪生等 30 余项微应用。这些微应用不仅简化了业务流程，提高了工作效率，而且还为用户提供了更加便捷、高效的服务体验。

（2）功能介绍。**全能办整体采取微应用的形式将各不同场景进行聚合在同一应用。全能办移动作业，紧抓"作业—终端"的方针，在"i 国网"供电所工作台中，按照业务分类，展示微应用模块，通过模块指引可在该平台打开各个场景进行相应操作。其主要包括台区看板、线损助手、用电检查、用户档案、线损运维、业扩报装、现场补抄、现场复电、现场稽查、一键换表、批量换表、封印一码通、时段调整、合同签订、箱表孪生、用户信息修订、数据统计、缴费凭证、任意表抄表、任意表校时、屏显设置、运维看板、标签打印、故障停电、计划停电，进行不同业务方向的微应用聚合。**

3. 典型场景

典型场景，如台区经理通过采用"手机 + 背夹"的数智作业模式，以高效、便捷的方式进行批量换表操作。他们借助"全能办" App 中的"批量换表"微应用，只需通过简单的"点、选、扫"动作，即可实现手机自动抄读电表底数、快速推送业务流程、即时生成客户档案以及准确召测采集信息等功能。这种方式避免了员工往返领取表计的麻烦，也无须专人在电脑上负责推送系统流程，真正做到了"一张工单、一个终端、一次解决"。这不仅避免了人为修改电表底数等管理漏洞的出现，降低了操作难度，还显著提高了作业效率，使整个换表过程更加顺畅、高效。

（1）**台区看板**：通过筛选日期及台区对应信息查看台区档案、台区指标及异常事件，可用于台区线损管理，监控台区下用户异常事件等。

（2）**用电检查**：通过现场检查用户，开展隐患、违约窃电排查工作，查看用户是否存在窃电、违约用电等信息，出具用电检查通知单，对发现的违约情况提出整改意见。

（3）**任意表抄读**：现场工作人员通过背夹的红外功能，对任意表进行当前电表的数据、当前费率时段及历史冻结数据的抄读，包括正向、反向有功总尖峰谷平等示数读取。

（4）**批量换表**：通过接收营销系统非周期批量换表工单信息，在现场应用"手机＋背夹"进行批量换表，完成后回传营销系统。用于现场批量装换表。

（5）**现场补抄**：通过接收闭环系统电表示数采集失败需补抄的工单信息，在现场应用"手机＋背夹"进行现场补抄，采集成功后回传闭环系统。实现采集系统远程采集日冻结数据失败后的现场补抄流程。

4

电力县级企业数字化建设实践

4.1 构建电网一张图

4.1.1 业务概述及目标

1. 业务内容

"电网一张图"是电力县级企业数字化建设的核心关键任务之一，也是推动供电公司向智能化、数字化转型的重要举措。为了打破不同部门之间的专业壁垒，提高数据的质量和可靠性，让工作人员更加清晰、直观地掌握和获取公司供电全域电网的数据信息，通过构建"电网一张图"这一数字化平台，可以在一张交互式的图表上开展各项业务工作，从而为管理决策和基层日常工作的顺利开展提供强有力的支持。

2. 业务目标

首先，通过充分利用电网资源中台和先进的地理信息系统（GIS3.0）技术，确保电力县级企业供电范围内的 10kV 及以下线路的精确走径、设备台账的详尽准确，以及动态量测数据的实时更新与实际物理电网数据信息保持完全一致。这个目标不仅强调了数据与现实电网状况的一致性，也注重数据的实时性和准确性，从而确保供电服务的稳定和可靠。其次，全面开展动态"电网一张图"的构建工作。通过利用先进的信息技术，将电网的各种数据和信息集成到一个平台上，形成一张清晰、详尽的电网图，方便所有相关人员随时获取所需信息，从而更好地支持供电服务的决策和实施。最后，在"图长制"和"数据主人制"的基础上，严格落实这两项制度，确保各级"图长"和"数据主人"能够充分发挥他们的工作职能，提高数据治理效率，做好动态"电网一张图"的建设和维护工作。这两项制度的实施，将进一步明确各方的责任和义务，保证数据的准确性和及时性，从而为供电服务的提升提供有力的支持。

4.1.2　业务流程

步骤1：开展数据治理，形成准确的数字电网一张图，进行扎实的数据治理工作，将现场设备信息数据全部归真到系统中，为各业务部门提供准确的电网数据信息。

在这个过程中，数据治理是关键。它不仅涉及数据的准确性、完整性、一致性等问题，还涉及数据的安全性、隐私性等方面。为了达到数字电网一张图的目标，需要进行深入的数据治理工作，包括数据清洗、数据规范化、数据分类、数据备份等方面的操作。这些工作需要基于先进的数学模型和算法，以确保数据的准确性和可靠性。

步骤2：成立数据监控班，严格把控日常工作计划，新增设备信息严格审核，及时录入，确保数据真实可靠和永久有效。

为了确保数据的真实可靠和永久有效，需要成立专门的数据监控班。这个班组将负责日常工作计划的控制，以及对新增设备信息的严格审核和及时录入。他们将采用先进的数据监控技术和工具，对数据的变化和异常进行实时监测和预警。同时，他们还将负责数据的备份和恢复工作，以确保数据的永久保存和可用性。

步骤3：结合数字化建设工作邀请团队针对其开发的App开展集中培训，针对省公司下发的采录标准及采录App进行培训，安排专人逐站、逐所上门为基层供电所、营配班组采录人员讲授App操作方法。

为了使基层供电所和营配班组的采录人员更好地掌握和应用省公司下发

的采录标准和采录 App，需要安排专业团队进行集中培训。这些培训将结合数字化建设工作的实际情况，针对性地讲解 App 的操作方法和采录标准。同时，还将安排专业人员逐站、逐所上门为采录人员讲授 App 操作方法，以确保他们能够正确、熟练地使用该工具。

步骤 4：建立数据治理工作沟通机制，集现场采集人员、App 开发厂家、数据治理小组成员，创建数据治理交流群。及时解决基层采录人员工作开展过程中发现的疑难问题，并反馈至项目组。

为了及时解决基层采录人员在工作中遇到的问题，需要建立数据治理工作沟通机制。这个机制将集合现场采集人员、App 开发厂家、数据治理小组成员等各方面的人员，创建一个专门的数据治理交流群。在这个交流群中，各方可以及时交流和解决工作中出现的疑难问题，并将问题反馈至项目组。这不仅可以提高工作效率，还可以促进各方面的合作和协调。

步骤 5：通过同源维护应用工具将采集完成的设备坐标、台账等数据批量录入，结合数据校验工具开展数据治理工作，确保线路、台区任务有效归档。

为了确保采集完成的设备坐标、台账等数据的准确性和可靠性，需要使用同源维护应用工具进行批量录入。同时，结合数据校验工具开展数据治理工作也是非常重要的一个环节。这些工具将对数据进行校验和修正，以确保数据的准确性和完整性。此外，还需要确保线路和台区任务的有效归档，这可以通过建立完善的数据归档机制来实现。

步骤 6：数据归档回写至 GIS 系统，数字化工作台从 GIS 系统中提取图形数据，最终生成前端的"电网一张图"。

为了生成前端的"电网一张图"，需要将数据归档回写至 GIS 系统。数字化工作台将从 GIS 系统中提取图形数据，并生成相应的图形界面。这个界面将展示电网的完整情况，包括设备的分布、连接关系等。通过这个界面，用户可以直观地了解电网的情况，并做出相应的决策。

步骤 7：定期更新"电网一张图"，在电网发生变化时，及时更新相关数

据，保证数据的准确性。

为了确保"电网一张图"的准确性和及时性，需要定期更新相关数据。当电网发生变化时，应及时收集最新的数据并更新到系统中。这将确保系统数据的准确性和实时性，从而帮助用户更好地了解电网的情况并做出相应的决策。

4.1.3　业务难点、痛点

（1）数据治理现场采集工作需要集合各单位人员力量，开展现场设备坐标、照片等信息采集。工作量大、花费时间较长。

（2）设备信息采集手段较匮乏，数字化转型前期需要采用专人专车专用定位仪器开展信息采集，费时、费力，人工耗费量大。

（3）数据治理涉及设备、系统较多，不同设备、系统之间的数据格式及接口存在差异，数据复杂多样，整合困难。

4.1.4　数字化促进业务提升

（1）通过数据治理采集 App，开展现场设备信息采集工作，以打点方式生成线路、台区沿布图，为现场人员提供坐标准确度判定依据，提升"电网一张图"成图质量。

（2）利用"数字化工作台"开展现场采集信息、图形质量审核工作，相较于以往人工录入，逐条完成审核的工作方式，该方法便捷、高效，推动基层工作减负增效。

（3）相较于以往只能通过人为录入、人工审核等方式开展数据治理工作，现阶段工作模式对于整体质效都有质的飞跃，工作人员只需在系统中点击相关功能，即可完成一键录入及审核，大大提升了基层人员的工作体验。

4.1.5　相关注意事项

（1）杆塔、墙支架、低压用户接入点、表箱、电表必须有关联关系，否则采集数据作废。

（2）每一个表箱对应一个低压用户接入点，计量箱必须以台区为单位从01开始编号。

（3）分支线命名规范：铁牛2#台区干线003#杆T接分支箱001#杆应命名为"铁牛2#台区干线003#东支线001#"。

4.2 智能融合终端部署及应用

4.2.1 业务概述及目标

1. 业务内容

按照"一台区一融合终端"的原则，构建面向全场景、全业务的配电网中低压一体化监测管控体系，推进智能融合终端边缘计算高级应用。应用配电云主站开展智能融合终端统一管理，有序推进分时线损计算、拓扑识别、故障抢修等配电物联网典型场景应用。

2. 业务目标

（1）持续加快融合终端安装部署，提升融合终端公变覆盖率，确保应装尽装。

（2）开展融合终端基础功能应用，提升在线率、档案完整率、交采完整率等工作，注重深化应用成效，实现低压配网透明化管理。

（3）建设融合终端运维体系，各电力县级企业成立融合终端深化应用柔性团队，确保融合终端稳定运行。

（4）扩大配网运行监测平台应用范围，在原有供电所覆盖层面逐步扩大至已安装融合终端全部配变，同步做好数据质量提升。

（5）积极探索新需求，基于配电云主站开展融合终端深化应用。

4.2.2　业务流程

步骤 1：安装部署。开展存量台区智能融合终端安装部署，对增量台区按照随配网基建项目"同步规划设计、同步实施、同步竣工投运"的原则开展融合终端部署，确保台区融合终端全覆盖。

步骤 2：在线监测。组建智能融合终端攻坚柔性团队，落实领导包抓、专业支撑、班组实施工作机制，分别安排专人负责台账信息维护、系统数据更新等工作，开展实时监测，掌握终端实际运行状况。

步骤 3：现场消缺。针对长期离线及频繁上下线的终端，逐台区深入现场排查分析，并联系厂家同步进行原因排查，制定落实一台区一方案，确保智能融合终端实时在线率达到 100%。

步骤 4：良性沟通。建立智能融合终端部署工作沟通机制，创建微信融合终端交流群，将现场施工人员、台账维护人员、厂家技术人员、系统维护项目组、柔性团队成员全部拉入群内，对于融合终端安装及消缺工作过程中发现的疑难问题随时进行沟通解决。

步骤 5：终端运维。按照"每日监测、闭环治理、日清日结"的要求，执行"日监测、日通报、日分析"，专班消缺，确保融合终端实时在线率维持在 100% 且上传数据真实可用。

4.2.3　业务难点、痛点

（1）智能融合终端无人机交互界面，无法进行实时数据查询，无法有效校验采集数据正确性。

（2）在运维过程中，供电所人员技术手段及数据分析能力有限，无法自主完成消缺工作。

（3）融合终端供应厂家较多，设备标准（接线方式、系统运维）不统一，运维困难。

4.2.4 数字化促进业务提升

通过"物联全景状态监测平台""数字化工作台 – 运行看板""数字化工作台 – 数据治理微应用"，可以实时地展示出所有融合终端的在线状态，以及所采集的数据。另外，这些平台和微应用还能够自动进行数据校验，确保数据的准确性和完整性。这些功能的实现，为数据运维人员提供了更加准确、可靠的信息，使得他们可以更加快速、准确地定位和解决各种故障和异常情况，从而提高了现场消缺的效率。同时，这些功能的实现也为后期智能融合终端的深化应用打下了良好的基础，推动了智能终端技术的发展。

4.2.5 相关注意事项

（1）融合终端由于上送数据量大，上行模块运行温度较高，最高可达75℃，传统的物联网卡不耐高温，极易严重变形，导致终端掉线，可更换为新型陶瓷卡。

（2）地下配电室信号不稳定，易造成融合终端长期离线或频繁上下线，可根据配电室大小及融合终端位置增设信号放大器。

（3）融合终端数据采集数据异常分析时，若电压过高，检查 ct 电压线是否接错，相电压接成线电压；若电压有值，电流无值，检查 ct 电流线是否未接；若电流为负值，检查采集电流线是否接反，可结合采集数据进行具体分析。

（4）融合终端在系统内的唯一标识为 ESN 码，在安装与消缺过程中需确保 ESN 码与实际一致，一二次挂接关系正确。

4.3 配电自动化应用

4.3.1 业务概述及目标

1.业务内容

（1）加大远方遥控应用，执行"应遥必遥"原则，大力提升"三遥"开关遥控使用率。

（2）差异化推进自动化模式选型和终端建设改造，提升重要节点三遥终端覆盖率，馈线自动化从简单覆盖向标准覆盖转变。

（3）加大故障分析力度，开展单相接地保护拒动、异动事件一事一分析，及时消除设备缺陷，大力推进单相接地故障重合闸功能应用。

2.业务目标

提高馈线自动化覆盖率、投入率及动作正确率、终端在线率、终端遥控使用率、终端遥控成功率。完成Ⅳ区数字化平台升级及网络安全监控平台部署。确保系统安全可靠、数据共享共用、应用务实高效，全面支撑配网全景运行监测、精益运维检修、高效故障处置。

4.3.2　业务流程

步骤1：选址、安装配电自动化开关，运维人员对开关逐台进行现场勘查，并及时与配网部开展10kV线路改造方案商讨、审定。

步骤2：组建专业的配电自动化建设团队，实现从物资供应到安装建设的全过程、全流程的管控。采用"大会战+带电作业+综合检修"的建设思路，实现各专业、各部门的协同配合，协调多方资源，由运检部专人负责自动化开关定值整定、调试及主站接入工作，稳步推进配电自动化建设安装进度。

步骤3：自动化开关改造完毕后，由验收小组逐台对施工工艺、终端数据传输正确性进行验收。

4.3.3　业务难点、痛点

（1）配电网规划建设上，与城市建设不同步，地下电缆与架空电缆交叉使用，配电网十分复杂，在前期配自开关选址时需考虑因素较多，规划难度大。

（2）10kV 线路走径普遍较长，超出规程规定的供电半径，且干线开关分布较多，无法合理配置级差保护，下游区段发生故障时极易造成上级开关越级跳闸。

（3）配电自动化需要用数据处理和分析来实现智能决策，这对人员的专业水平要求高，需要不断改进数据处理、分析方法。所以，配电自动化技术对人员的专业技能和经验有更高的要求。

4.3.4　数字化促进业务提升

（1）在配电自动化网架基本建成后，深化应用配电自动化功能，减轻了基层班组人员沉重的工作负担、显著提高了工作效率及设备运维质量。按照"先恢复供电、后抢修"的工作原则，在故障处理中，当现场巡线无法找到明显故障点且初步判断为瞬时故障后，通过主站远程遥控开关合闸，故障恢复时间缩短至 10min。

（2）在变电站改造期间，为了快速调整 10kV 线路的运行方式并限制负荷，必须采取有效的措施以减少安全风险。为了缩短倒闸操作时间，以减少运维人员在夜间操作设备时存在的风险，需要采取一些有效的策略。

（3）通过使用配电自动化主站的远程遥控功能，能够快速调整线路运行方式，并对个别分界开关进行控分。这不仅保障变电站的安全、稳定运行，缩短故障处置及倒闸操作时间，还显著压降时户数消耗，为公司提升供电可靠性做出了重要贡献。

（4）对重点用户及小区用电负荷进行分析，并根据区域实际情况提前规划配网建设项目是一项关键任务。通过加强配网建设，能够更好地保障供电可靠性并提升客户满意度。

4.3.5　相关注意事项

（1）设备的新增、变动、更新、拆除等及时更新台账，同源拓扑信息，保证图模一致性。

（2）深远山区存在网络通信信号弱，导致设备长期离线或频繁上下线，可考虑增设信号放大器解决。

4.4 营销感知类设备部署及应用

4.4.1 业务概述及目标

1. 业务内容

部署安装 HPLC（宽带载波）智能电表。全力推广 HPLC 技术，提升用户用电数据感知质量，结合配网部融合终端安装进度，开展智能电表迭代，提升用户用电数据感知质量。推广 HPLC 高级功能应用，开展高频数据采集、停电主动上报、相位拓扑识别、台区自动识别等八大高级功能深化业务，提升 HPLC 深化应用率，助力配网故障抢修、市场化交易、有序用电等业务支撑能力提升。

2. 业务目标

在各供电所台区智能电表及采集设备安装 HPLC 智能通信模块，HPLC 达到采集设备全覆盖。开展基于宽带载波的高级功能深化应用，并提升 HPLC 深化应用率。

4.4.2 业务流程

步骤 1： 开展营销感知设备终端"百日攻坚"，按照"日通报、周评比、月考核"原则，对指标通过微信工作群进行"晾晒"，确保按时完成任务。

步骤 2： 加快 HPLC 模块安装，确保供电所员工会安装、会接线、会调试，借助采集系统日监测功能，精准定位未覆盖电表明细，率先实现 HPLC 电表全覆盖。

步骤 3： 结合公司采集周报精准定位曲线数据治理路线，靶向发力，对基层反映问题及时解答、挂牌督办，组织业务骨干深入基层开展问题销号，确保"事事有回应、件件有落实"。

步骤4：在具备一定的HPLC建设基础上，逐步推进落实HPLC高级功能，开展高频数据采集、停电主动上报、相位拓扑识别、台区自动识别等应用。

步骤5：对宽带载波高级功能深化业务开展数据治理、应用优化等工作，不断提升深化应用率。

4.4.3　业务难点、痛点

（1）10kV线路走径普遍较长，部分地区存在明显的地理区位劣势，台区信号不稳定，导致载波采集一次成功率低，需要人工补抄来提升整体指标。

（2）HPLC深化应用对基层人员业务技能要求高，老员工经验充分基本满足要求，新员工缺乏现场调试及运维工作经验，因此HPLC深化应用提升需要省市两级统筹规划及电力县级企业内部工期合理安排，做出任务性、制度性的统筹安排，同时组织省市及以上层级的工作协办，统一谈判口径，为取得优质运维资源提供方降低业务阻力。

4.4.4　数字化促进业务提升

经过基层单位的多番调试，HPLC通信单元已经实现了全覆盖，电量和功率数据采集成功率和费控成功率都得到了全面大幅的提高。这些改进使得当前数据体量更加庞大，运行也更加平稳。这些优势使得HPLC高级功能的推广应用得以逐步满足，包括开展高频数据采集、停电主动上报、相位拓扑识别、台区自动识别等八大高级功能的深化业务的数据需求。此外，配网故障抢修、市场化交易、有序用电等业务支撑能力也得到了大幅提升。这些改进得益于基层单位对HPLC通信单元的全面调试和优化，使其能够更好地适应各种复杂环境和条件下正常运行。能够为电力行业提供更加高效、精准、智能化的服务。这些功能的实现将为电力行业带来更多的便利和效益。

4.4.5　相关注意事项

（1）全域迭代计划由省级单位统筹规划，各市县单位细分调整，在实际工作中注重基层任务合理性，避免因管理问题使减负政策成为不必要的工作负担。

（2）HPLC部署过程中，对集采设备、终端设备的调试连通需要多厂商协作，从通信协议、任务参数等数个方面进行工作展开，需要设备厂商支持。

（3）HPLC载波迭代中，由于软硬件兼容性问题，基层单位在工作前要做好充分的抗风险准备，对可能影响到的采集成功率等提前进行技术准备和人员安排，将在完成载波迭代的任务目标情况下最大限度地保持台区营销指标。

4.5　电网资源业务中台同源维护

4.5.1　业务概述及目标

1. 业务内容

加快配套系统中台化改造，推动基于电网资源业务中台的同源维护建设；开展同源维护单轨上线试运行应用；深入配电自动化图模建设，推进配电自动化系统中10kV配网图模全覆盖（含公、专变）；规范电子图模异动、维护等业务，各设备管辖班组、县（配）调按管辖范围开展图模异动及维护工作；在配电自动化系统中关联接入营销用采系统配变数据。

2. 业务目标

（1）完成配电自动化、PMS3.0、GIS3.0系统的同源维护改造联调测试。

（2）完成原系统在途工单办结和数据迁移。实现全电压等级范围内电源、电网到用户"模型统一、资源汇集、同源维护、共建共享"。

（3）确保拓扑关系正确性，提升配网图模实用化覆盖率，完善省调侧考核系统图模考核及监视模块，接入全部地市配自图模信息，开展总体考评、促进图模实用化应用，提升县（配）调侧对配变感知能力，提升营销用采系统与配电自动化系统配变数据贯通率。

（4）应用同源维护工具，收紧营销、配网、财务业务系统数据入口关，实现数据由一个源端录入、多个系统回写的功能，保障"数据一个源"。

4.5.2　业务流程

步骤 1：将县区公司原有系统的数据迁移至同源维护应用中，在同源维护应用中补充新增公司的现场数据信息，即完成现有数据的系统迁移和新建数据录入，打牢原单位及新建单位系统级合并的数据基础。

步骤 2：开展同源维护应用培训，充分提升基层人员操作水平，确立"图长制"，按照谁产生、谁负责、谁治理的原则，分配班组治理中压线路，供电所治理低压台区，数据运维班负责全流程管控的职责，监测源头数据准确性。

步骤 3：针对线路、台区逐项开展数据校核治理工作，治理结果逐一归档，既要确保拓扑关系的业务正确性，也要满足数据归档的系统规则要求。

步骤 4：归档后的各业务数据上传至电网资源业务中台中，将信息统筹整合，形成巨量的数字化资源储备，此时各源端系统从电网资源业务中台调取数据，统一规制，统一途径，同一来源，实现"数据一个源"。

4.5.3　业务难点、痛点

（1）系统上线，要完成年内数据录入，同时对数年乃至数十年前的久远数据进行校验，尤其是地理位置和行政区位、命名规则方面的部分存在巨量的数据治理工作，对于角色智能分配、人员责任落实、工作质量把控等方面都有非常大的考验。

（2）同源维护工具作为新系统，一方面对于用户操作体验、数据反写逻辑等方面仍有较大提升空间，工作人员需结合版本迭代更新，不断适应操作变化，从而开展日常业务应用；另一方面在同源处置业务方面处在探索阶段，系统存在设计的局限性，如何结合基层使用效果，改进系统业务合理性也是一大难点。

4.5.4　数字化促进业务提升

在以往现场新增设备时，需要进行一系列复杂的多流程操作，包括在 PMS 和 GIS 系统中进行铭牌创建、发起设备变更申请以及新增设备任务等步骤。这些操作不仅繁琐，而且需要耗费大量的时间和精力去完成。

在同源维护上线之后，新增设备图形及台账均在同源维护应用中进行维护。这一改变使得绘制操作和审核流程等环节得到了大幅缩短，从而提高了工作效率。同时，同源维护还实现了对新增设备录入便捷性的提升，为基层工作减负增效的效果非常明显。

通过采用同源维护应用，可以减少不必要的重复性工作，避免出现数据冗余和信息不一致等问题。此外，同源维护还提供了更加灵活的数据维护方式，使得数据维护更加高效和准确，同时也降低了数据维护成本。同源维护的应用对于提高现场新增设备的录入便捷性和工作效率具有重要意义，同时也为基层工作减负增效带来了积极的影响。

4.5.5　相关注意事项

（1）在同源维护系统中开展线路维护、台区任务归档工作前，必须通过数据校验工具进行数据校核，并完成该区域全量数据治理工作，否则同源维护系统内的异动任务无法进行归档。

（2）同源维护系统中的任务提交至调度审核前，需要对单线图进行重新绘制，以此来保障单线图的成图质量，加强图形可用性。

4.6　数字化工作台应用

4.6.1　业务概述及目标

1.业务内容

推进数字化工作台场景应用，开展电网全景、经营指标分析、运行看板、阳光业扩、配网运维等 45 项功能场景深化应用。常态化开展数字化工作台场景需求、数据统计及报表生成应用需求收集，积极对接省公司开发落地，减轻基层负担。收集数字化工作台功能完善需求，持续提升系统可用性、易用性，面向运检、营销、安监等专业征集、拓展业务场景，融合营销智能管控功能应用，实现县公司营销业务管控、工单流转和供电所综合业务统一纳管，解决执行层、管理层、决策层员工"用、管、看"的数字化需求。推动数字化供电所场景应用，实现多系统一账号单点登录、跨系统数据共享。

2. 业务目标

（1）基于"电网一张图"及企业级实时量测中心，利用"电网一张图"构建的成果，利用配电自动化开关和台区智能融合终端实现停电分析，获取异常设备实时动态，开展频繁停电、三项不平衡等监测分析工作。

（2）利用已经建设完成的智能安全工器具室对各库房的安全工器具出入库进行管控，对领用情况进行统计。

（3）通过整合安监平台及时获得作业计划和违章情况，做到对计划、队伍、人员和现场的管控。

（4）开展施工管理工作，查询各项目进度，实时掌握施工单位信息、监理单位信息和业主项目部信息。

（5）利用数字化工作台开展各类抢修工单的派发、过程管控和评价工作。

（6）利用数字化工作台开展优质服务监督工作，掌握客户满意度、报修到达现场及时率等指标，对网上国网申请的业扩工单进行管控。

（7）结合营销智能监控中心、乡镇供电所综合业务监控平台，充分发挥智能融合终端规模化部署效应，对供电所的业务开展、运营管理、资源整备进行融合升级，完善供电所日常运营管理，不断健全"一中心""六看板""四画像"业务功能提升应用，持续加强末端融合力度，全面提升供电所服务质效。

4.6.2 业务流程

步骤 1： 在停电看板中对实时停电进行监测，掌握当日高压、低压停电情况，通过频繁停电情况统计模块了解超两次停电线路明细及停电原因，计划管理人员在安排计划时充分考虑频繁停电因素，降低频繁停电概率。

步骤 2： 在配网运行看板中建设重过载、低电压等设备异常实时动态监测，辅助运维人员及时制定消缺方案；配网运行看板中对抢修类工单、非抢修类工单和运维类工单板块数据关联，支撑运维抢修人员开展巡视和抢修工作。

步骤 3： 在运营监测模块应用监测分析模块，开展低电压、台区线损、三相不平衡、居民大电量、频繁停电、农排大电量、配变重过载、供用电合同超期、零电量电流、表计断流、表计失压、超容量用电、计量装置异常、电费电量退补等监测，工作人员将监测分析结果分发至各相关专业，督促完成整改。

步骤 4： 在数据看板中，通过同期线损、网上电网的应用，可以掌握公司同期线损和网上电网各小项指标的得分情况和排名情况，可促使专业部门制订计划有针对性地提升目标。

步骤 5： 在智能工器具室模块中可查询各供电所智能工器具室的状态、工器具总数、领用次数等信息，及时掌握逾期未归还的工器具数量，督促供电所及时归还领用的工器具，通过技术手段杜绝使用未经检验的过期工器具，确保现场作业的安全。

步骤 6： 在融合终端数据治理模块可实现对台区智能融合终端中到货安装率、终端在线率、交采在线率、档案完整率和业务达标率"五率"指标的监测，并在终端数据治理板块将档案异常、采集异常、终端不在线和交采不在线等 4 类问题数据进行梳理，督促运维人员及时治理，提高融合终端相应指标。

步骤 7： 在施工管理模块可查询时间段内的项目总数，实时掌握施工单位信息、监理单位信息和业主项目部信息，通过对各项目物资提报时间、开工时间和竣工时间的管控，帮助工作人员开展施工管理工作，查询各项目进度。

步骤8：通过可靠性监测和频繁停电监测及时整理频繁停电配变，加强该台区的巡视和服务宣传工作，加强供电可靠性时户数目标管控，帮助工作人员提升供电质量。

步骤9：通过抢修指挥模块可实现主动抢修工单派发、过程管控和评价工作，实现对低压用户的主动服务，助力公司实现全年压降工单目标。

步骤10：在服务质量监督模块获取客户满意度、报修到达现场及时率等指标，对网上国网申请的业扩工单进行管控，利用数字化工作台开展优质服务监督工作。

步骤11：指标看板模块接入营销系统、采集系统、营配贯通、PMS2.0等系统中供电所重点关注的指标数据，汇集供电所基础信息、重点管控指标、工单概览、同业对标排名、运行指数、电费明细、智能仓储、智能融合终端在线状态、车辆管理、拓展指数等指标数据，助力供电所提升数字化供电所排名。

步骤12：运行看板基于物联柔性开发平台云编排和物联网关键技术，充分发挥智能融合终端规模化部署效应，将智能融合终端采集的动态数据、PMS及配电自动化等系统的静态数据通过图数据库和时序数据库进行充分融合，将融合终端在线率等信息实时更新展示。

步骤13：制度看板以供电所为主体，集成制度标准智能管理系统，提供制度学习文件的上传下载功能，实现省级制定规范、相关标准文件直达供电所，设计学习中心板块文件上传、下载学习，并实现对学习情况进行记录和线上考试评价，便于供电所人员查阅公司标准制度规范以及省侧下发的相关学习文件方便一线员工实时掌握最新政策、规定。

步骤14：通过所务看板展示供电所日常事务，管理人员能够直观展现供电所组织架构及班组人员、绩效得分、资产分布、近期重要工作开展情况等所内关键信息，通过数字化手段，协助管理人员开展日常所务上线管控。

步骤 15：通过综合柜员画像能展示综合柜员基础信息、标签信息、业务处理统计、业务投诉统计等内容，能全面反映供电所工作情况。

4.6.3 业务难点、痛点

（1）基层员工对数字化工作台中部分模块掌握难度大。部分员工参加过数字化工作台应用操作培训，但由于业务关联性低，属于纯系统级内容，大龄员工难以从抽象概念联想至实际工作，同时由于供电所年龄跨度大，新概念抽象知识同步和传递难度大，因此基层班所需要专业人员对每个供电所开展有针对性的"数字化应用下班所"培训来提高整体运用水平。

（2）数字化工作台功能完善程度不高。数字化工作台是一个综合型业务平台，数据链路长，业务跨度大，建设厂商多，建设周期长，在前期的遗留问题中，存在部分功能建设不充分或已建设因系统异常等问题导致无法使用。

（3）基层员工习惯在源端系统处理业务。其对数字化工作台开展相关业务缺乏良好习惯，加之繁重的基层工作，导致在源端系统重复工作也不愿尝试微应用、RPA 等新技术应用，数据管理等方面思维较为薄弱，需要通过宣传，加强工作帮扶提高基层员工对数字化工作台的应用率，使数字化各场景应用在基层班组落地，转被动为主动，让数字化真正做到为基层服务。

（4）实现全过程数据线上管理存在管理难点和技术难点。供服抢修 App 在并网单位推广中，需要实现抢修全过程数据线上管理，并实时同步至数字化工作台和供服指挥平台，实现全过程数据线上管理的阻力大，既有管理难点，也存在技术难点。

4.6.4 数字化促进业务提升

（1）针对基层人员短缺的问题，通过数据微应用及 RPA 机器人等新技术的引入，可以有效地解决报表制作繁琐、现场排查时间被挤占、工作效率低下等问题。这些技术可以自动收集、处理数据，并生成报表，从而减少了基层工作人员在数据收集和整理方面的工作量，使他们能够将更多的时间和精力投入到实际工作中。同时，这些技术还可以帮助管理人员更好地了解基层工作情况，并提供更加准确的数据支持，以便更好地指导工作人员开展工作，提高工作效率。

（2）通过动态"电网一张图"的实时获取，可以实现对电网各类信息的数字化展示。在数字化工作台上，可以利用配电自动化开关和台区智能融合终端实现停电分析，从而辅助各运维检修人员及时察觉电网异常情况，并做出相应反应。这些技术的应用，使得各类检修消缺工作更加便捷、高效，推动基层减负增效，提高电网的可靠性与稳定性。

4.6.5　相关注意事项

（1）在数字化工作台系统操作中，如需派发主动抢修工单应遵循原供服系统中相关规则，密切注意各个时限的要求，避免因系统误操作而引发的工单超时影响实际生产指标。

（2）浏览器版本问题可能导致数字化工作台无法进入或部分模块无法跳转使用，推荐安装使用 84 版本谷歌浏览器，如因系统版本等问题无法安装 84 版本谷歌浏览器，可选择安装电网多核兼容浏览器。

（3）数字化工作台本身集众多平台于一体，系统运行耗费资源多，因此对硬件需求高于其他系统，部分供电所设备落后，运维缺失，使工作推广"最后一公里"增加了客观上的困难。

4.7　安全专项治理

4.7.1　业务概述及目标

1. 业务内容

加强现场作业安全管控，利用"视频＋现场"反违章工作模式实现作业现场全覆盖，提升现场作业安全管理水平。推进安全管理要求落地应用，推进"抓、控、保""四个管住""四双"管理等安全管理要求应用落地，深化应用安全生产风险管控平台，将安全管理要求细化至平台功能，开展供电所安全工器具室推广应用，并与风险监督平台联动，规范安全工器具领用、使用及归还流程，应用推广安全工器具试验管控平台，深化应用安全责任清单全过程管控模块。

2. 业务目标

一是完成全量化的作业计划录入、作业违章录入、现场督察录入，提升作业计划录入率达到100%，作业违章录入率达到100%视频、现场督查率均达到100%。二是完成供电所智能安全工器具室的场所改造，改造率达到100%，完成已改造智能安全工器具室的接入，接入率达到100%。最终实现以数字化手段提升现场安全治理能力，指导现场标准、规范作业，保障现场安全。安全工器具管控水平提升。实现安全工器具实验流程数字化，促进安全工器具全生命周期动态管控。强化安全责任履责评价。

4.7.2　业务流程

步骤1：推进作业现场布控球全覆盖，严格监督作业对布控球的领用、使用，以及布控球在现场的启用情况。

步骤2：贯彻落实安全工器具室改造任务，升级管理手段与运维策略，提升建设效率，把控建设质量。

步骤3：对完成改造的智能安全工器具室进行系统接入、数据录入，确保数据源和系统兼容性，县级单位应积极协调厂商、信息运维单位、所内人员三方协作完成数据流上送。

步骤4：严格管理安全工器具在作业中的应用和系统录入规范，兼顾系统数据和业务执行数据的统一性。

步骤5：开展深度全面的新型安全作业宣贯，充分落实作业计划录入、违章录入的工作指导。

步骤6： 安排安全督查人员进行现场督察，确保现场督查全覆盖，实现现场督察率100%。

4.7.3 业务难点、痛点

（1）智能工器具室应用初期，存在人员信息无法录入、工器具归还无记录等系统问题，表明系统仍需进行大力优化，也为后续数据治理隐藏了不小的挑战。

（2）现场安全督查人员配备不足，县公司安全督查人员任务繁重。

（3）建设及改造较早的安全工器具室，所应用的系统可能与新建的批次存在差异，不同的系统间数据无法同步，对业务线路贯通产生了巨大限制。

（4）布控球放置位置受限于使用者的主观意愿，并且对信号有着数值要求，存在一定使用条件，因此远程视频监控手段还需要进行管理和技术上的优化调整。

4.7.4 数字化促进业务提升

安全专项治理是企业管理中一项极其重要的工作，其目标通常包括降低安全风险和增强安全管理。在这方面，通过实施两项工作目标，企业可以有效地提高作业安全性。这些目标包括全量化的作业计划录入、作业违章录入、现场督察录入等。这些措施的采取，有效地降低了无计划作业的发生率，从而减少了潜在的安全隐患。同时，这些数据支撑对于违章人员、违规及黑名单企业的危险性准入提供了重要的参考依据。

在现场督察方面，远程和现场督察的结合有力地促进了作业计划的落实，提高了巡察效率。这种管理模式可以及时发现并纠正作业中出现的问题，确保作业的顺利进行和安全目标的实现。

通过智能安全工器具室改造及系统接入，企业可以更加规范对安全工器具的作业和存取管理。这不仅提高了安全工器具的使用效率，而且预防了不合格安全工器具流入作业现场，进一步减少因安全工器具损坏、不合格等原因造成人身安全事故的发生。通过安全专项治理工作的全面推进，企业可以有效地提高作业安全性，降低安全风险，增强安全管理水平，确保员工的人身安全和企业稳定发展。

4.7.5　相关注意事项

（1）智能工器具室已经在早期建设完毕，在数据迁移和系统合并中，应积极协调各建设厂商，调整数据同步方向和数据类型，使数据对接平稳落地，降低基层返工工作量。

（2）布控球运行受信号、镜头清洁度、机位角度等影响。针对此类情况，县级单位应形成本单位的处理经验和工作流程，进行所级单位重点培训，使布控球的工作质效得到提升。

4.8　同期线损治理

4.8.1　业务概述及目标

1. 业务内容

深入基础数据治理，确保短板指标提升。深化闭环监测治理、达人评选工作机制，持续开展同期线损专题问题数据、源端系统数据治理工作，确保理论线损计算指标稳步提高，加快降损类项目实施，不断提高经济运行率。精准诊断治理高、负损问题。坚持"一线一案、一台一策"的工作思路，动态储备技术降损项目，推广应用新技术新设备，全面提升技术装备水平。

2. 业务目标

加强指标监测管控力度，力争"十强百强"创建新突破。提升线损综合监测达标率，刚性进入国网百强县公司，开展线损跨所帮扶活动，提高百强供电所覆盖率。优化月度分区、分压达标，线路、台区达标率，提升线路及台区经济运行率，增加年度累计入选国网百强县，规模上供电所实现百强所全覆盖。

4.8.2　业务流程

步骤1：建立线损管理工作群，通过日通报、日核查、日整改的闭环工作机制，强化指标监控跟踪力度，各专业按日落实异常问题核查整改。

步骤2：组织营销、运检、发建等部门业务骨干成立百强创建"柔性团队"，从理顺流程、剖析指标、规范业务、提升管理角度出发，固化团队工作流程，重点围绕基础档案、计量采集、营配异动、源端模型多方面开展治理，梳理理论线损偏差异常数据。

步骤3：更换老旧关口表计，从源头管控现场作业人员及流程申请人员操作准确性，避免因计量更换等因素造成线损异常。

步骤4：针对公司台区经济运行率偏低的问题，通过更换计量装置，提升台区采集计量精确度，同时统计汇总供电半径过大、设备老旧、末端大电量等信息，协同运检、发建等专业，及时将相关台区纳入治理数据库，同步实施管理降损与技术降损，实现台区经济运行。

步骤5：做好闭环监测治理工作台区异常工单核实确认治理，借助异常线路台区发布预警深入开展治理。

4.8.3　业务难点、痛点

（1）计算方法和标准不统一，导致同期线损的数据不准确，不利于分析和评价同期线损的水平和原因。

（2）同期线损的影响因素复杂多样，包括电网结构、负荷特性、电能计量、电能质量、电网运行方式等，难以找出同期线损的主要影响因素和改善措施。

（3）涉及多个部门和环节，需要协调各方的利益和责任，难以形成有效的治理机制和激励机制。

（4）需要投入大量的人力、物力和财力，需要考虑治理的成本效益和风险，难以实现治理的可持续性和长效性。

4.8.4　数字化促进业务提升

（1）利用高压客户变损电量查询微应用能快速查询高供低计客户变损电量，在月度测算分区指标时，快速计算变损电量占比情况，解决以往需提报数字化信息工单查询变损电量的问题。

（2）通过运用96点电流数据查询RPA机器人能实现批量查询台区关口电流信息，解决长期以来需逐户查询的问题，节省了大量工作时间。

（3）通过数字化看板和画像，实现对供电所运行状况和管理水平的全面评价和激励，形成良好的治理机制和氛围，实现同期线损的长效治理。

（4）提高同期线损的影响因素的识别和优化能力，通过数据挖掘和智能分析，找出同期线损的主要影响因素和改善措施，实现对同期线损的精细化管理和控制，通过统一的计算方法和标准，实现对同期线损的全面监测和分析，提供数据支撑和决策参考。

4.8.5　相关注意事项

换表流程相关注意事项：

（1）关口表申请换表流程前，需先在营销系统中核实正向有功总示数、反向有功总示数是否配置完整。在换表流程结束后，需对新表添加反向有功总示数类型。

（2）当现场换表工作结束后，工作人员将旧表底度同步至计量班后，流程人员需在采集系统中与换表前一日底度进行对比复核，参考用户日用电量判断底度是否存在异常。

（3）现场更换互感器后，须对互感器倍率进行确认更改，确保系统与现场保持一致。

（4）换表流程须于每日 17：30 前完成归档，禁止跨日。

（5）换表流程结束后，需对客户电能表示数类型进行复核。

4.9　网上国网运营推广

4.9.1　业务概述及目标

1. 业务内容

为满足用户网上缴费、快速办理线上业务的需求，推出了"网上国网"App，集"住宅、电动车、店铺、企事业、新能源"等多个使用场景，支持在线信息查询、用能分析、光伏报装、充电桩定位、电费缴纳、电子发票获取、账单查询、日月用电量查看、业务办理等业务。实现"无接触、不见面"办电。

2. 业务目标

稳步提升注册绑定率、分层级进行活动宣传，促进活跃率提升，提高用户认知度和下载量，优化平台服务质量和效率，升级"网上国网"App功能，提升用户体验和满意度。

4.9.2　业务流程

步骤1： 组织各营配班组共同参与，制定并下达绑定任务量，进行外出推广。

步骤2： 利用"微服务"群，台区经理在群中发布"网上国网"使用方法及宣传物料，结合线下开展活动促使客户每日点击并登录"网上国网"，提升月活率。

步骤3： 调动各级员工推广积极性，针对上半年活跃率提升较快班所开展优胜班所和"推广达人"评选活动，营造良好的推广氛围。

步骤4： 安排专人对推广率及活跃率进行统计分析，及时发布任务完成情况，确保尽快完成任务目标。

4.9.3　业务难点、痛点

（1）新区低压用电客户较多，但实际入住率较低。之前采用过联系客户本人电话通知下载"网上国网"，但效果不明显。

（2）宣传力度不够。未注册用户对"网上国网"App整体知晓情况不佳，知晓但未注册的客户占比较大。

（3）个性化和差异性服务不够。因部分用户习惯通过微信App进行缴费，较难改变用户习惯。

4.9.4　数字化促进业务提升

（1）"网上国网"App实现电网员工线上化作业、智能辅助、数据共享等功能，减少现场作业成本，提高现场作业安全性和准确性，实现疫情期间多渠道办电服务线上受理。

（2）采取"智慧短信"的数字化方式开展"网上国网"宣传推广，累计发送"智慧短信"13.6万余条助力"网上国网"推广，积极将互联网营销推广经验与"网上国网"App的运营思路、运营目标、运营内容、运营任务相结合，持续关注客户需求和体验，创新推广渠道，为营销业务推进数字化打开"新大门"。

（3）积极对接街道办、社区网格员，主动加入社区防疫网格群，在微信群主动实名亮身份，将城网供电服务堡垒转移至社区防疫网格群，实现数字化多渠道服务交流，缩短客户服务距离，有序开展"网上国网"推广、故障停电信息告知、服务政策宣传等客户服务工作，助力客户服务数字化水平提升。

4.9.5　相关注意事项

（1）需要充分考虑各地区的实际情况，制定合理的推广计划和目标，明确推广的范围、步骤、时间和责任人。

（2）需要加强培训和指导，提高作业人员的技能和素质，确保作业人员熟练掌握移动作业设备和软件的使用方法和注意事项。

（3）需要加强沟通和协调，建立有效的信息反馈机制，及时解决推广过程中遇到的问题和困难，促进各方的合作和共享。

（4）需要加强监督和评估，定期检查和分析推广效果及数据，总结推广经验和教训，不断改进和完善推广方案及措施。

4.10　数字化工作台业务流程一条线

4.10.1　业务概述及目标

1.业务内容

（1）对数字化工作台现有场景进行整合完善，对于数据链路不符合最新技术路线或实用程度不高的场景进行下线或升级改造。

（2）重点开展数据统计及报表生成类应用的设计与建设，减轻基层负担。

（3）常态化开展数字化工作台需求场景收集与功能开发，优化数字化工作台运行效能，实现县公司营销业务管控、工单流转和供电所综合业务统一纳管。

（4）按照基础型、标准型、示范型建设标准，推动供电所系统性重塑、模式化变革，集成各专业供电所常用系统，实现多系统一账号单点登录、跨系统数据共享。

2.业务目标

通过数字化工作台部署运检、营销、安监、供服等业务系统模块，实现各业务环节于图上作业、图上分析，便利于管理及基层业务开展，实现"业务一条线"的建设目标。

4.10.2　业务流程

以客户申请业扩报装工作流程为例，该流程包括四个主要步骤：数据治理、现场勘查、现场装表接电和供电质量。

步骤1：现场使用数字化移动应用 App，对设备信息进行采集。信息采集完成后，将任务提交至数字化工作台，任选任务的拓扑关系，生成单线图。这样就实现了任务审核工作。

步骤2：审核完成的数据，上传至同源维护工具中，在同源维护工具中进行数据的二次校核。

步骤3：校核完成的数据自动录入，最终生成前端的电网一张图。这样就完成了数据治理工作。

步骤4：接收到业扩报装申请后，赴实地勘查。打开数字化移动应用 App，将现场信息填写至 App 中，传送至数字化工作台；工作台结合就近的电源点自动生成三种供电方案，选择最优的供电方案，接着对该流程进行全流程管控。

步骤5：前往智能工器具室领用工器具，同时在数字化工作台对工器具领用、归还进行全流程管控；现场布置布控球，全程可视化管控装表接电工作，确保现场作业无违章情况。

步骤6：现场安装智能融合终端，将配变异常工况运行信息传送至数字化工作台，系统接收到配变异常信息后自动生成运维工单。接单后，通过融合终端监测 App 查看该配变运行情况。发现配变异常工况后分析原因，前往现场处理。

4.10.3　业务难点、痛点

（1）随着系统功能的不断完善，对于基础数据质量要求不断提高，需不断优化系统功能模块对应基础信息，从而保障基层人员常态化应用。

（2）数据接口不稳定、数据传输链路不清晰导致系统偶然发生数据错误、数据不显示等问题。

（3）数字化工作台因整合多个业务系统和数据源，数据的准确性、完整性和一致性仍需多层面持续完善。

（4）因需要满足不同岗位、不同层级、不同专业的员工工作需求，整合跨度较大，需熟知系统功能。

4.10.4　数字化促进业务提升

（1）利用"一中心、六看板、四画像"功能模块，为供电所管理人员及台区经理提供数据支撑。

（2）利用智能化 App 实时掌握现场设备运行情况，从而高效保障电网设备稳定运行。

（3）使管理人员更加便捷、清晰地掌握现场工作情况，提升现场工作效率，保障工作质量，确保现场工作安全、有序开展。

（4）通过数字化工作台的应用切实提升了工作人员的日常办公效率及作业精度，助力基层减负增效。

4.10.5　相关注意事项

（1）须联系运维人员注册账号，并授权相关权限，以保证数据安全和个性化服务。

（2）当系统发生数据不展示、功能应用卡顿等情况，可清理浏览器缓存并进行重启解决此类问题。

（3）保持网络畅通和设备电量充足，以避免数据传输失败或作业中断。及时反馈遇到的问题和建议，以便平台持续优化和改进。

（4）遵守国网公司的相关规定和标准，如数据管理规范、业务流程规范、安全生产规范等，保证业务质量和安全。

4.11 移动作业新模式推广应用

4.11.1 业务概述及目标

1. 业务内容

为监控营销方面的日常零散工作，将补抄、时钟调整、批量新装等工作集成在"全能办 App"中，采用工单的模式进行管理。通过转派率、签收率、完成率三个指标的平均水平，对这些工作进行评价。

2. 业务目标

（1）将新移动作业模式的概念推广在公司的基层班组，通过推广此项工作将移动作业硬件给各基层班所配备到位。保证台区经理人手掌夹、每班所皆配备蓝牙打印机，移动作业设备配备率达到 100%。

（2）基于"全能办"工作平台，要求基层办所人员熟练运用营销"标准化作业 App"及闭环管理系统，将数字化工作方式落实到心中。

（3）严格监管每日全能办工单，通过对每日补抄工单、时段调整等日常工作的工单监督，对台区失败户治理、新装等工作作出反推监管。

4.11.2 业务流程

步骤 1： 按需配备移动作业设备，保证台区经理人手一背夹，每班所至少一台蓝牙打印机。

步骤 2： 建立成熟工作模式，通过采集闭环系统对相关工单进行下载，转派至相关台区经理账号。

步骤 3： 台区经理通过全能办 App 平台接收工单，进行现场处理。业扩工作同时，按现场勘验步骤，选择勘验人为相关台区经理，台区经理通过全能办接收该业扩工单，现场完成客户勘验、记录并生成供电方案答复。

步骤 4：由专人对单位内所有工单进行监管，通过全能办 App 的数据监控模块对当日工单的接受率、完成率及综合成效作出监管，通过采集闭环系统对当日转派率进行监管，同时进行通报，督促完成。

4.11.3　业务难点、痛点

（1）工单处理对网络要求较高，同时依附于"标准化作业"App 的使用。因为山区中信号较不稳定，导致工单处理较慢。

（2）设备续航能力不足，导致作业中断或无法完成，影响作业效率和安全。

（3）补抄工单在经过大量补抄后会出低度出错的情况，且该数据一旦上传在采集系统中不能更改。

（4）作业标准不统一，导致作业流程和安全措施执行不到位，增加作业风险和隐患。

（5）作业人员技能不足，导致作业操作不规范或出现错误，影响作业质量和客户满意度。

4.11.4　数字化促进业务提升

（1）通过创新的数字化移动作业模式，积极倡导并培养基层办所人员全新的工作思维。作为营销数据采集全过程的监控和优化工具，集成了数据记录和监督功能，使营销工作形成闭环，同时更透明化、便利化。此外，它还能对日常工作的每一个环节进行详细记录和留痕处理，确保工作的可追溯性和有效性。

（2）通过全面应用营销"全能办"App，提供了一站式的数字化工作平台。这个 App 不仅简化了设备的操作步骤，还通过组织专业的培训，确保基层班所人员能够熟练地使用设备。通过"点、选、扫、拍、签"等简单操作，用户可以现场自动抄读电表底度、自动推送业务流程、自动生成客户档案、自动召测采集信息等业务处理。这种模式不仅提高了工作效率，也大大提升了营销业务的精确性和及时性。

（3）数字化工作台实现了跨平台的数据打通，包括95598、营销业务、用电采集、供服指挥等多源系统。通过融合主动工单、服务工单、作业工单和督办工单，这个工作台能够根据工单的类型和紧急程度，自动汇集、融合分理、智能派发、预告预警至台区经理"全能办"App。这种智能化的工作流程不仅提高了工作效率，而且可以实现用电客户的无感知服务。此外，通过指标、运行、工单、制度、安全、所务"六大看板"内容和台区、台区经理、综合柜员、客户"四画像"，有效提升了供电所的精益化管理能力，为提供更优质的服务打下了坚实的基础。

4.11.5 相关注意事项

（1）作业开始前，检查设备续航能力，网络连接状态，工器具是否合格，功能是否正常，避免使用故障设备。

（2）作业过程中，遵守国家电网相关安全保密规定，对涉及安全和机密的信息、数据、设备、场所等进行保护和管理的工作实现保密工作的规范化、制度化、科学化。

（3）作业结束后，要及时恢复设备运行状态，清理现场秩序，撤除安全措施和工器具，填写完整的工作记录和报告。要对工作过程中发现的问题和隐患进行分析和处理。

5

电力县级企业数字化应用实践

5.1 组织管理类典型案例

◎ **案例一：面向管理提升，持续推进数字化供电指挥体系建设**

亮点单位：国网西安市临潼区供电公司。

一、思路目标

临潼公司供电服务指挥中心自 2017 年创建以来，服务响应速度慢、服务流程不顺畅，精准服务能力不强等短板仍较突出，改变传统各专业"孤岛"式单线条作业模式，构建以客户为中心的"立体化"指挥体系，通过"一张工单""自下而上"地在督导层、平台层中探索数字化供电服务指挥体系建设，为现代供电服务体系搭建"大后台"，实现公司服务能力提升。

二、做法措施

1. 组织机构的转型升级

强化跨专业、跨部门，按照"平台型"企业要求。

（1）在数字化部室层面，设置供电服务指挥中心作为"大脑中枢"，承担"中台"指挥协调、监测评价及营配调数据贯通功能，统筹思考"怎么干"。

（2）在数字化班组层面。在供电服务指挥中心下创新成立数据运维班作为"眼睛"，打破生产侧设备台账信息与客户侧用户数据信息的专业壁垒，作为数据的唯一发布班组，以管安全的力度，开展全域数据治理与数据异动管控工作。①对于存量数据，利用"变 – 线 – 台 – 户 – 表箱 – 表计 – 用户"紧密逻辑联系，制定异常数据治理流程，全面核查、清理"问题数据"。②对于增量数据，推行"设备主人制"，"靶向"制定闭环管控流程，规范现场采录，确保数据的唯一性与统一性。

2. 业务平台的转型升级

（1）搭建"应用一平台"。在内网系统中部署上线"数字化工作台"，通过线上故障研判、可视化展示、异动筛查、预警告警，提高工单生成可靠性和有效性、节约工单研判生产力，实现基层减负。

（2）织就"电网一张图"。融合 GIS 地图与 PMS、186 营销等系统，梳理逻辑关系、堆叠图层、迁移场景应用，多角度展示电网资源信息和服务资产信息，为主动引导和安抚客户、精准隔离故障搭建数据支撑。

（3）整合"数据一个源"，在技术与工具上，应用"源端治理、同步反写"，做到了"一点录入、多点应用"，实现了高低压同步维护、营销运检同源治理。

（4）串联"业务一条线"，通过前端感知设备检测电网运行实时状态，通过主题监测分析实时筛查运营异动，生成、接收、派发协同工单、督办工单、抢修工单，监控下达调控指令、指挥指令，"一条线"处理。

供电服务指挥中心是各项业务贯通和数据汇集的枢纽，过前端感知设备掌控电网运行实时状态，通过主动监测分析把控运营异动，利用调控指令、指挥指令、协同工单、督办工单"一条线"。

三、亮点成效

应用"一平台"累计派发 95598 抢修类工单 1676 件、主动抢修工单 869 件、主动预警工单 40 件、可视化监控与催办，平均到达现场时长 20.15min、平均故障修复时长压缩至 61.28min，工单处置实现"零超时"。

通过长期跟踪、研判，辅助决策分析，开展营销类、运检类主题监测 18 项，实现从管理的"经验判断"向"数据驱动"转变，下发协同工单 35 份、治理异动 148 个。

处理 12345207 件、非抢修类工单 1327 件、"互联网 +"工单 3720 件，在数字化工作台中统筹资源调配，开展全过程跟踪、辅助研判、催办提醒、考核评价，工单处置及时率、办结率、满意度均为100%。

◎ **案例二：深化"大作战"，建好"示范点"全面助力数字化建设向前向好**

亮点单位：国网咸阳市三原县供电公司。

一、思路目标

作为提升企业核心竞争力的必然选择和根本路径，自两网融合以来，公司基于"五个一"（电网一张图、数据一个源、业务一条线、应用一平台、作业一终端）的数字化转型正式迈入快车道。为种好数字化建设"试验田"，跑出融合发展"加速度"。三原公司紧跟省市公司关于数字化建设各项工作部署，以"五个一""六实践"为主要方向，以搭建工作体系、夯实人才基础为主要抓手，采取领导统抓、主次分层、指标牵引、过程管控的建设思路全面推进。

二、做法措施

自数字化县公司推广实施工作开展以来，三原公司高度重视，积极落实。第一时间搭建数字化建设体系，制定实施方案，以统领聚合力助推数字化建设落地生花。

1. 深化"大作战"，建立数字化建设指挥作战室

深挖人才潜力、盘活人才资源，组建跨部门、跨专业、跨层级的数字化建设作战室，为整体建设工作定方向、谋大局、解难题，形成统一领导、专业牵头、分工负责的良好建设氛围。组织11个基层供电所创建主力在公司本部进行集中办公，人员交流学习、互促共长，有效缩短了人才培养周期，提升了推进效率。制定数字化建设作战图，全面梳理重点任务、工作流程，确保人人知晓、人人参与、人人出力。邀请厂家驻点指导，对建设过程中的难点、痛点问题及时反馈、及时解决，变"事后整改"为"事中督导"，确保建设任务有效完成。

2. 建好"示范点"，助力数字化建设全面开花

为避免重复走弯路，实现全面精进。三原公司坚持"试点先行、全面开

花"工作模式，有效结合百强供电所建设工作，综合评选后选取新兴供电所为试点，集中力量进行数据采录、同源维护及 HPLC 表计更换工作，为数字化建设打造标杆模板。同时，对问题和经验及时记录、及时解决、及时总结，向总结提炼要成效，向典型经验要提升，在公司内部掀起一场"比、学、赶、超"的建设热潮，最终实现数字化建设在县公司的全面开花。

三、亮点成效

截至目前，数字化县公司推广实施 20 项重点任务中，三原公司已有 7 项任务完成了 100% 推进落实，2 项任务实施进度超过 80%。其中：构建"电网一张图"，已实现 68 条 10kV 线路，1709 台低压台区的全量采集。数据迁移率、基础数据采集完成率均完成 100%。配电自动化全覆盖、强化同期线损专项治理、运检业务创新应用推广、"i 国网"升级推广等 7 项任务完成度为100%。强化供电质量专项治理、强化安全专项治理 2 项工作进度超过 80%。公司陕西供电所综合排名进入数字化供电所原南区前十，获省公司一阶段专项奖励。目前，同源维护应用问题数据治理、营销感知设备部署等工作重点进行中。

◎ **案例三：创新创效激发基层动能典型经验**

亮点单位：国网铜川市印王区供电公司。

一、思路目标

数字化建设工作开展以来，印王公司按照省、市公司数字化转型工作部署及"两会"精神要求，立足"一张网、一盘棋"新起点，紧密围绕"六个一"建设目标，成立以党政负责人为组长的数字化建设工作领导小组和工作专班，编制"数字化县公司建设实施方案"，明确各部门职责，制定重点工作"时间、任务、进度一览表"，建立数字化转型柔性团队，重点工作落实全过程监督，按周推进重点工作任务，强力推进核心业务数字化转型提升。但在基层班所及相关管理人员对数字化建设认识浅，部分人员片面认为数字化仅仅是数字化平台建设，感知类设备安装，未形成数字化思维，未有效发挥数据价值，数据化转型建设给基层带来的便捷及参与度并不足。为推进印王公司数字化建设，公司本着数字为基层赋能让基层管理人员及业务骨干充分意识数字化建设重要性，积极开展业务培训，以数据融合和基层减负为核心，以"解决需求和实际问题"为导向，积极开展数据分析，深挖数据价值，为日常工作减负。

二、做法措施

1. 依托最小化作战微创新专班单元

由县公司供电服务指挥分中心牵头，在数据化柔性团队的基础上组建数字化微创新专班，专班人员涵盖营销、运检、发建专业业务骨干各1人、营配班青工3名，负责对其涉及专业领域数字化创新工作。

2. 发挥工单驱动业务作用

开展工单会诊模式及工单成因分析，深化"一单一分析"机制，从工单分析寻找数字化建设突破点。

3. 常态开展基层需求征集

专班人员按月开展问题需求征集研讨会，对班组、基层工作中涉及数据应用、系统重复性工作问题及时开展分析，寻找数字化建设创新突破点。

4. 依托数据运维班

发挥数据师、数据员的数据治理、分析作用，以电网设备基础数据治理为核心，自主开展故障停电、服务工单、营销档案等业务监测分析，分析数据背后业务管理、机制短板，发挥数据效能，推动业务管理流程扁平化，提升业务处理效率。

5. 固化培训练兵作用

利用大培训年契机，激发青年员工主观能动性，先后组织青工及班组业务骨干开展数字化建设相关业务、RPA流程机器人等培训6次，青年员工上讲台2期4人，提升人员业务基础、营造争先创新氛围。

三、亮点成效

2022年微创新专班，开展分布式光伏管理、数据治理、电费电价、优质服务、故障报修、线损管理等 6 次需求征集、识别、分析。随着数字化建设的持续深入，基层班所及管理人员深刻意识到数据分析、应用的价值，利用数字化思维、手段解决问题，形成微应用成果 1 项、RPA 机器人需求 5 项、自研小程序 1 项。实现停电报备信息自动生成，解决人工编辑速度慢、易遗漏，报备效率提升 40%，报修工单同比压降 49.92%。实现分布式光伏客户精益管理，核查并整改问题 11 户，新能源业务意见工单同比压降 77%。主动开展客户阶梯预警通知 312 户，实现居民大电量客户"零"意见工单。防范电费回收风险，开展"用户预收余额管理"预警管理，预收余额抵扣欠费客户数 58 户，电费回收率保持 100%。创新创效主管动能性大幅提升，微应用、RPA 机器人需求多点开花，工作效率提升明显。

◎ **案例四：数字化建设引领所级管理提质增效**

亮点单位：国网铜川供电公司耀州区供电公司。

一、思路目标

围绕提升乡镇供电所管理服务效率，打造农村地区供电服务"强前端"工作思路，以照金供电所管理模式为素材，建成涵盖"一中心""四看板"数字化所务管理平台。

二、做法措施

数字化工作台助力管理提质增效，为供电所数字化工作台赋能，提升供电所各项业务科学规范化管理，部署"一中心""四看板"精准、精细化管理供电所各项业务开展情况。

1. 一中心

数字化工作台应用中心借助统一权限平台，将供电所人员的系统账号与权限进行集成与统一，实现人员系统应用的统一归口与访问。供电所管理人员依托该中心，直观浏览所域供电"电网一张图"，并结合图层穿透实现"站－线－变－箱－户"精准定位。

2.四看板

管理看板提供供电所质效排名、供电保障排名等重要指标排名及供电所整体信息。运行看板提供台区总数、三相不平衡台次数、融合终端覆盖率等运行监测功能，一体化工单池提供台区线损监测、95598工单统计、费控停电工单统计等统计功能。绩效分析包括台区经理综合绩效排名、采集率得分排名等排名功能。

三、亮点成效

数字化工作台"一中心、四看板"切实转变供电所现有管理模式，将原先手动记录抢修状况、工作流程、派工情况转变为线上全流程管控，便捷人员管理流程，提升人员管理质效。通过主动抢修、主动巡视工作现场开展，流程线上可视化闭环管理，压缩管理链条，精益精细管理流程。

◎　**案例五：智慧安监管理平台**

亮点单位：国网西咸新区供电公司。

一、思路目标

利用数字化新技术、新手段，落实生产现场风险管控，解决生产一线日常管理记录多、负担重等问题，推动生产一线综合业务、日常管理的线上化、便捷化、移动化，支撑基层业务创新及新技术应用价值发挥。

二、做法措施

通过移动布控球、"平台存储安全管理"和"智慧安监小程序"在一线中的深化应用，实现"违章处理、危险点辨识、布控球设备管理、生产绩效统计、安全规章制度索引、标准化流程助手"六大功能。

1.移动布控球

对布控球进行智能化升级，在基建作业现场、配网作业现场、输电线路作业等现场应用数字化安全监管辅助手段，实现违章智能判定。

2.平台存储安全管理

平台存储安全管理资料、标准化作业、布控球管理、风险辨识、违章公示、安全规章制度等数据并实时更新，满足生产工作中的各种查询检索需求。

3. 智慧安监小程序

小程序方便各级人员能够快速查找规章制度、风险辨识、人员资质、违章查询、违章积分、会议材料速编等功能，提高工作效率。

三、亮点成效

通过开展移动布控球＋智慧安监小程序应用，利用视频识别、精准定位、业务研判、感知设备多种方式实现就地分析，实现 17 项警告违章智能判定，创新工作管理模式，减轻使用人员的压力，提高工作效率。

5.2 数字服务类典型案例

◎ 案例一：利用互联网工具促营销服务融合

亮点单位：国网渭南市白水县供电公司。

一、思路目标

随着营销系统切割，原系统所有用户会产生新的户号，作为用户缴费、办理业务的重要凭证，营销人员需要及时将新的户号进行告知，通过上门服务或营业厅现场服务等方式工作量大且效率较低，给用户带来不便。为快速解决用户获取新户号问题，营销人员利用数字化技术优势创新完成金山表单小程序制作查询户号二维码，通过二维码解决系统升级后，用户不知道新户号，造成购电难、购电慢、服务投诉等问题。

二、做法措施

具体做法：以供电所为单位，根据新旧户号对照表，通过金山表单小程序为每个所生成查询二维码，制作 13 个二维码；用户扫描二维码后，输入旧户号，即可查出新户号。各台区经理利用供电服务微信群，在群中指导用户查询新户号，使客户足不出户在家输入旧户号查询新户号；台区经理及时对接该客户解决相应问题。

推广情况：利用互联网及时性与金山表单制作新户号查询二维码，供电所人员在社区、微信群、营业厅等宣传新户号时，既可在纸质版表单查询，也可指导客户扫描二维码自助查询，缩减工作人员工作量，提高工作效率。

三、亮点成效

利用互联网工具，短时间内解决了白水 10 万余户客户查询新号工作量巨大的问题，提高了营销人员工作效率，提升了用户服务质量，进一步促进白水公司营销服务融合。

◎ **案例二：网格化服务终端打造无人值守营业厅**

亮点单位：国网铜川市耀州区供电公司。

一、思路目标

耀州公司以照金供电所数字化转型综合建设为契机，以优化管理流程、减轻基层负担为导向，决定在耀州区供电公司辖区 11 个供电所试点性开展无人营业厅建设项目，实现乡镇供电所营业厅无人值守、来人预警、远程视频交互功能，以数字化手段解放劳动力，优化基础管理方式，缓解基层供电所缺员、服务政策落地难的问题。

二、做法措施

（一）以红外智能监控模块实现无人营业厅来人感知和后台预警

在有客户进入时，营业厅红外监控设备自动感知，自动语音提示"尊敬的客户您好，稍后会有远程座席人员与您取得联系，请稍后……""欢迎下次光临"。同时，耀州公司后台供服做坐席在监控设备上收到来人告警信息。

（二）以网格化终端实现 11 个供电所常见业务自助办理及后台远程协助视频交互功能

1. 用电交费

营业厅客户端支持通过输入户号、刷身份证方式查询欠费信息，可使用微信、支付宝、银联卡方式进行充值缴费。支持通过刷身份证方式查询最近 6 个月的电子账单、交费记录。

2. 业务办理

支持低压居民新装、低压非居民新装、更名过户等高频业务受理。支持查询业务进度情况。

3. 客户咨询

通过智能 AI 语音客服 / 人工远程坐席为用电客户提供电费电价、业务流程、政策法规等咨询服务。

（1）智能 AI 语音客服。基于人工智能、语音 / 语义识别技术，嵌入智能客服，用户通过说出"小源小源"（可定制）唤醒词，将设备从休眠状态唤醒为交互状态，否则系统将不会对外部语音进行识别交互。问题解答知识库越丰富，语音交互效果越好。

例如：

1）小源小源，（唤醒后说出）天气怎么样？

2）小源小源，（唤醒后说出）过户需要哪些材料？

（2）远程人工坐席客服。在首页手动点击人工客服按钮进行呼叫连接，可实现与耀州公司后台客服座值人员实现在线视频互动。

第一步，呼叫人工客服。

第二步：接通通话，右侧区域可接收坐席端推送的消息信息，消息信息分为图片、文字、短视频等消息。

4. 建议评价

客户可通过语音留言、文字输入等方式提供意见建议信息，并可对台区经理的服务进行评价。

5. 信息公示

落实阳光业扩举措，针对用电业务办理程序及时限、执行的电价和收费标准、供电质量和"两率"情况、停限电有关信息、供电服务法律法规及有关规定、供电服务承诺及投诉电话、用户受电工程相关信息、营业厅网点等信息进行公示。

6.品牌宣传

展示优化营商环境举措、助力乡村振兴举措、安全用电知识、违约窃电政策、网上国网渠道推广等信息，宣传国网公司企业形象。支持视频、图片格式，支持在线自动更新。

待机首页屏幕正中央滚动展示的为宣传视频/海报投放区，其中实时咨询、宣传视频/海报可通过后台进行分区域、终端进行精准投放。

三、亮点成效

通过网格化服务终端的部署，实现服务工作量更加高效，班组资源得到进一步整合优化，优势资源被充分调动起来，形成"服务有网、网中有格、格中有人、人人有责"，真正做到为客户提供零距离服务，搭起与客户的连心桥。随着客户对网格服务终端的不断认识，老百姓逐渐会形成"有用电问题，用网格化终端"的习惯，优化人员配置的同时，通过网格化服务终端提供的优质服务进一步提升了客户获得感。

◎ **案例三：基于单用户的低压故障研判及应用**

亮点单位：国网西咸新区供电公司。

一、思路目标

西咸公司利用低压用户 HPLC 停电事件，针对重点区域，在供电服务指挥系统中优化主动抢修模块，构建了基于从用户至台区五级拓扑关系（用户—表箱—楼层配开关—单元配开关—配变分开—配变）抽样统计及计算模型，实现基于单用户停电的开关柜停电故障事件工单生成、派接单及处理、优化工单提醒，方便对低压用户停电故障事件定位，提高抢修效率，提升优质服务水平，提高地区供电满意度。

二、做法措施

1.梳理用户至台区"五级拓扑关系"

提高基础数据质量，组织分公司梳理从用户至台区的五级拓扑关系（用户—表箱—楼层配开关—单元配开关—配变分开—配变），作为逻辑计算的基础。

2. 打破系统间数据壁垒，开展数据初筛

结合配电自动化系统中压拓扑、中压故障信息，PMS 系统设备属性信息，营销 SG186 系统户表台账，供服系统永久接地故障信息，OMS 系统计划停电事件，融合终端上送户变关系、配变交采信息等，与用电采集系统中低压用户侧 HPLC 停电事件数据进行关联对比，初步筛选过滤异常数据，如剔除时效性不足的数据、剔除短时停电数据、剔除因上级故障或停电计划造成的停电等。

3. 结合有效数据与拓扑关系，进行故障研判

根据过滤后的有效低压停电信息，结合五级拓扑关系，进行逻辑计算，在 10min 内实现故障研判。

4. 研判结果告知，开展主动抢修

形成的基于单用户低压故障研判结果，在供服系统中，推送故障类型为"台区低压故障"的主动抢修工单，指挥系统迅速派发工单进行现场处置，多项故障均可于 20~30min 后消除，极大地提升了低压故障处理效率。

三、亮点成效

通过对供电服务指挥系统中主动抢修模块的优化，西咸公司在全省率先实现低压侧故障研判。

当用户发生停电时，"低压拓扑分析模块"通过计算，快速定位故障线路，并自动生成主动抢修工单，指挥系统迅速派发工单，运维人员开展进行现场处置，异常处置效率大幅提升，提高了用户侧连续供电可靠性；通过完善低压侧故障预警功能，大幅提升用户用电体验。

5.3　系统应用类典型案例

◎　**案例一：深化"i 国网"应用拓展，助力基层提质增效**

亮点单位：国网宝鸡市陈仓区供电公司。

一、思路目标

以深入推进数字化县公司建设为抓手，以面向管理提升、面向基层减负为方向，为切实提升员工办公效率与便捷性、易用性体验，用数字化带动员工开启新思路、新模式，公司多形式多维度开展 i 国网移动门户 App 深化应用，全力打造最便捷的移动指尖办公平台。

二、做法措施

1. 聚焦管理提质效，线下转云求突破

（1）压缩公文流转环节，提高文件办理效率，充分利用 i 国网移动办公，轻松实现出差、外出移动办公。

（2）依托 i 国网能源互联网生态，增强内部成员连接能力，将工作微信群搬到 i 国网，实现真正工作微圈。同时通过电话号码，连接外部用电客户，从客户方案勘查、工程设计、工程预算等全流程人员协同管控，第一时间掌握解决客户诉求，构建新商业化运营体系，提升服务质效。

（3）全面启用视频会议，构建安全可靠、稳定流畅的视频会议。

（4）大力推广 AI 语音识别模块，让会议重要内容不丢失，重要信息不外泄，轻松掌握领导讲话要点。

2. 聚焦基层减负，提升服务质效

（1）强化工单"汇集"功能，将各类工单通过 i 国网统一推送，实现基层员工"一个平台、一个账号、一次登录"办理多项业务，不断推动供电所业务移动化、智能化、网格化，实现"要我用"变为"我要用"。

（2）不断优化"全能办"功能应用，及时解决处理使用过程存在问题 12 项，提出深化应用需求 2 项，让基层员工使用更便利。

（3）创新使用快捷表单，实现会议线上签到。结合生产作业现场工作特性及作业内容，编制作业危险点问答题，形成快捷表单，提前下发现场员工，让安全理念深入人心。

（4）依托 i 国网，开展"开讲啦"系列直播活动，将工作中遇到问题，分专业开展线上直播，达到一人发现问题，所有人知晓解决措施，实现人人都是大讲师。

三、亮点成效

应需而生，直击痛点。公司通过不断深化"i 国网"App 应用，"i 国网"月活率提升至100%，以新理念、新思路、新举措抓实抓好每一项工作，助力基层减负，将业务实际和移动应用相结合，打造电力人的专属"工作圈"，提升基层员工的创新获得感和满意度，提升企业整体运营效率，提高生产力，成就绿色办公。

◎ 案例二：数字化在安全生产中的应用

亮点单位：国网西安市区供电公司。

一、思路目标

1. 思路

聚焦基层安全责任履行，聚焦基层安全管理问题缺陷，强化基层一线人员安全意识，强化安全规章制度落实，强化"四双"管理、"四个管住"和标准化作业执行，强化发挥安全监督效力，加快落地"四个一"数字化安全管控体系，确保人身、电网、设备和网络信息安全稳定。

2. 目标

深入开展安全生产风险管控平台深化应用推广工作，完成安全管控中心建设及实体化运转工作，人员安全准入率达到100%，作业现场安全督查率达到100%，安全生产风险管控平台应用指数不低于90分，完成7个数字化智能安全工器具室改造工作，安全工器具贴码率达到100%，安全工器具使用出入库率、试验及时率达到100%，数字化智能安全管控终端使用率达到100%。

二、做法措施

1. 专业管理的组织架构

市区公司成立由领导小组、工作小组和基层班组组成的三级组织架构。领导小组负责组织开展安全专项治理工作的计划、标准制定，专项督导检查工作等相关工作要求部署，各工作管理小组负责安全专项治理工作管理要求落实、计划的贯彻执行以及各部门的协调。各基层班组的工作实施小组，负责具体执行。三个组织形成管理网络，各司其职。

2. 安全专项治理工作的部署和启动

为贯彻落实市公司部署和总体要求，市区公司积极响应方针政策，安监部牵头召开启动会，对各班组安全工器具管理、智能工器具室建设、布控球使用等各项工作任务进行调研，在此基础上制定安全专项活动工作进度计划，以确定不同阶段的管理重点、难点，保障工作顺利开展。

3. 安全工器具等相关信息的录入

市区公司按照市公司的工作要求，不断完善安全工器具管理体系，对于各班组目前已配置的安全工器具实行统一的编码管理。工作人员参照安全工器具编号的原则为每一个安全工器具配置唯一的编号，同时将安全工器具的名称、编号、生产厂家、规格型号、购置日期等基本的产品信息以及包括使用单位（部门）、使用班组、保管人、上次试验日期、下次试验日期、存放地点等相关的使用信息录入风控平台安全工器具管理模块。

4. 安全工器具及布控球管理情况

为了加强对安全工器具的管理，市区公司要求各班组安全员于实行安全工器具二维码管理的数量情况进行详细的统计。具体包括各个班组对安全工器具配置的数量及已贴二维码工器具的数量实现统计。为确保现场工作安全管理，向公司安全管控中心申请布控球数量，从原来的 6 个增加到 12 个，实现了生产班组一班一台，并按照要求定期进行升级，实现了所有现场工作实时监督，可控、在控。

5. 安全专项工作的督导检查

为了进一步贯彻落实安全专项治理工作，市区公司积极配合上级部门对工作开展情况（包括智能智能工器具室建设、计划工作管理、安全管控中心建设）进行督导检查，根据检查小组的检查结果进行总结改进完善，进一步促进安全专项治理工作的全面提升。

三、亮点成效

（1）安全工器具室进行智能化升级服务后，将明显降低安全工器具的管理成本，简化了工器具借还手续，为基层一线工作减负。

（2）配网专业进一步规范标准化抢修工作流程和作业程序，以数字化手段促进现场安全治理能力，指导现场标准化、规范作业，确保现场安全。

5.4 人才队伍建设典型案例

◎ **案例一：县所全域"数据员、数据师"专业队伍建设与实践**

亮点单位：国网渭南供电公司。

一、思路目标

以深入数字化县公司、数字化供电所建设为抓手，以面向管理提升、面向基层减负为方向，以切实提高数据源端质量、稳步提高数据应用水平为目标，坚持严精细实、专业专注作风，按照"两类三级"（两类：数据师、数据员；三级：市、县、班组），以培育人员技能水平、治理能力、应用能力、开放能力为方向，构建数字化专业队伍管理体系。

二、做法措施

1. 优化完善县所全域数字化专业队伍组织体系

组建形成国网渭南公司"数据师、数据员"专业队伍，其中县公司专职数据师 11 人、专职数据员 69 人、兼职数据员 141 人。制定下发《渭南公司"数据师、数据员"专业队伍建设推进实施方案》，进一步明确工作内容、工作流程。

2. 持续深化县所两级数字化专业队伍工作体系

按照提高数据源端质量、提升数据应用水平为目标，结合融合发展实际，融入构建"电网一张图"、同源维护工具推广应用、强化数据治理等内容深入夯实县所数据质量管理责任，融入算力开放、RPA 开发、微应用及报表中心需求挖掘持续提高基层数据应用水平。通过构建工作体系，"数据师、数据员"

专业队伍初步具备数据治理、数据应用、数据开发能力。

3. 转变思维、强化培训，着力提升数字化能力

（1）强化培训。根据专业队伍不同定位、不同需求，综合利用线上线下多种渠道、内外部各类资源，开展数字化思维塑造及技术技能培训，做到精准施策。

（2）全员群创。举办 2022 年数字化转型劳动竞赛和第三届"核心业务自己干"数字化技能竞赛，在各业务数据应用、需求创新方面发挥群创功效，在各领域数据图数治理、新技术应用方面夯实群众基础。

4. 注重质效、多维评估，构建评价体系

以培养"懂数据、懂业务、懂管理、懂开发"专业人才为目标，主要从数据、业务两个质效方向，分别从数据基础能力、数据分析能力、数据应用能力、数据开发能力、业务管理能力等五个维度构建评价体系，建立专业队伍进入退出动态管理机制、充分发挥能力素养导向作用。

三、亮点成效

（1）省公司首家建成"数据师、数据员"专业队伍，并依托建设成果深化提炼，形成华阴公司实用型国网数字化县综合示范单位，初步实现全员数字素养的提升。

（2）依托"数据师、数据员"队伍，"电网一张图"采录 593 条整线、10005 个低压台区数据，整体进度省公司前列。编制完善省公司同源维护工具操作手册（南区）。

（3）2022 年前半年治理问题数据 15.61 万条、治理率 61%，整体排名靠前。

（4）2022 年前半年完全自主开发微应用 1 个、RPA 场景 2 个，初步具备自主开发能力，为下一步需求敏捷响应奠定基础。

◎　**案例二："四个数字化"建设构建数据师、数据员人才队伍**

亮点单位：国网渭南市华阴县供电公司。

一、思路目标

华阴公司按照"业务＋技术"双轨模式，开展四个数字化"数字化部门、数字化专责、数字化班组、数字化员工"管理模式创新，全面落实数字化职责、植育数字化理念、提升数字化技能、推进数据质量管理。围绕"管、用、看、治"（管什么指标、用什么系统、看什么数据、治什么问题）面向管理提升、面向基层减负，建立数据师、数据员专业人才队伍，形成华阴公司"群管群创"的数字化发展新模式。

二、做法措施

1.构建"四个数字化"组织保障体系

制定"国网华阴市供电公司四个数字化实施方案"，依据方案有计划、有步骤地开展电力县级企业"四个数字化"构建工作，夯实全体员工"即懂业务、又懂数据"综合能力。建立数字化发展长效机制，编制了县公司数字化岗位说明书，数据师、数据员专业队伍工作标准及评价体系，指导整体专业队伍建设与数字化发展有机契合。

2.保障"四个数字化"组织体系落地

编制《数据主人管理办法（试行）》，紧盯指标评价标准，充分激发员工队伍积极性、创新性，建设贴近一线、贴近需求、贴近应用的"数据师、数据员"专业队伍。编制数据治理操作手册、总结工作典型经验，做好兼具业务能力和数字能力的复合型人才储备。

3.强化培训，深化队伍素养提升

按照"以建促培、以培促用"的思路，制定"数据师、数据员"队伍培训计划，邀请专家进行授课，参加项目支撑公司组织的"同源系统培训"等方式，综合利用内外部资源开展数据思维、数字技术定期培训，以国网学堂、各种系统应用为载体开展自主学习。

4.队伍数字化能力建设

以算力开放下沉县公司、RPA机器人推广应用为载体，面向数据师提升数据应用需求整合及敏捷开放能力；以感知层设备运维、数据源端治理、数据微应用需求挖掘为载体，面向数据员提升数据源端质量管理和需端需求创新能力。

5.形成"四个数字化"全员工作体系

构建全员数据共享目录、形成数字化减负清单，丰富"人 + 数字化"概念内涵、拓展基层减负内容，形成县公司"四个数字全员工作模式。

三、亮点成效

（1）形成集综合性、专业性、实用性于一体的《国网华阴公司数据治理操作手册》，为数字化建设提供华阴经验。

（2）编制《华阴市 2022 年"国庆"大数据分析电眼看旅游项目分析报告》《黄河特定流域污染企业治理用电量与环保指标的专题分析报告》。此工作为县公司首次大数据分析的成功实践，支撑政府决策相关成果获得省市公司及当地政府的一致好评，极具示范效应。

（3）坚持以"数据同源，信息融合，综合整治"为原则。华阴公司成功创建同期线损百强县公司 4 次、百强所 6 次，百强所覆盖率 83.33%，呈现质效双优的局面。

（4）注重已有系统的深化应用和价值发挥，累计在微博、省市公司网站、电网头条、"i 国网"投稿 32 篇稿件，其中 6 篇通讯报道上线省公司新闻平台，3 篇上线电网头条，《打造数字化示范样本》收录核心期刊《中国电力企业管理》2022 年第 29 期案例集。

◎ **案例三：面向一线，培育"数据师、数据员"专业队伍**

亮点单位：国网西安市临潼区供电公司。

一、思路目标

充分发挥数字化人才在安全生产、营销服务、企业经营等业务中的重要支持作用，建立健全公司数字化人才培养体系，培养掌握数字化建设理论知识体系，具有良好学习能力、实践能力和专业分析能力的"数据师、数据员"队伍，树立"专责都是数据师、班员都是数据员"理念，形成数字化人才队伍建设样板。

二、做法措施

以赋能基层员工为目标，按照"管业务必须管数据、谁主管谁负责、谁收集谁负责、谁使用谁负责、谁提供谁负责"的原则，通过柔性团队、数据运维班、"数据师、数据员"培养、数字技术培训等多种手段，打造数字人才团队，支撑公司各项业务长远发展。

1. 组建人才队伍

以赋能基层员工为目标，按照"管业务必须管数据、谁主管谁负责、谁收集谁负责、谁使用谁负责、谁提供谁负责"的原则，通过柔性团队、数据运维班、"数据师、数据员"培养、数字技术培训等多种手段，打造数字人才团队，支撑公司各项业务长远发展。

2. 构建业务框架

开展数据管理与职责、数据质量管理、数据安全管理、数据需求管理、数据共享管理、数据应用管理、信息系统深化应用管理、数字化转型与数字新技术应用管理等8个方面工作，着力打造数字化复合型人才队伍，促进公司数字化转型发展。

三、亮点成效

通过一系列数字化手段综合应用，成立数据运维班5个，组建专、兼职"数据师、数据员"团队232人，组建覆盖25个专业数字化建设柔性团队，打造了一支覆盖广、能战斗数字化人才队伍，征集数字化转型创新成果54余项，营造了"用数据说话、用数据决策、用数据管理、用数据创新"的数字化文化氛围。

◎ **案例四：深化推广运营　助力数字化转型**

亮点单位：国网安康市镇坪县供电公司。

一、思路目标

镇坪县公司认真落实《安康公司2022年"网上国网"推广工作实施方案》

工作要求，持续推进营销业务融合和营销服务数字化转型升级，坚持以客户为中心，紧盯指标、分解任务，进一步增强员工线上服务意识，将"网上国网"推广工作嵌入营销日常业务中，强化多渠道协同推广应用，建立台区经理推广包干责任制，形成推广手段丰富，推广形式多样，推广成效显著的良好局面。

二、做法措施

1. 广泛宣传、精准推广

（1）县公司营销部统筹协调，制作统一宣传横幅，部署所有供电所在临街显著位置悬挂"网上国网"App推广横幅，增加品牌曝光度。编制规范宣传用语，客户经理通过小红帽供电服务微信群、小区"业主群"、朋友圈大量转发推广内容，宣传"网上国网"功能及相关活动，大力宣传"线上办电"服务举措。

（2）针对用户办理交费、获取新户号等业务时，首先由营业受理人员引导用户下载注册"网上国网"App，帮助用户完成注册绑定，有针对性地进行App对应功能推荐，使用户能够接纳使用"网上国网"App，进一步提升客户黏度。

（3）供电所利用下班时间，在县、镇人流量较大的广场、小区等场所组织开展集中推广，利用小喇叭宣传用电政策、发放小礼品等方式吸引客户，增加宣传推广力度。

（4）抄表收费员派发电费通知单时，现场向客户介绍"网上国网"应用功能，并通过扫描抄表人员二维码名片，帮助客户下载。

（5）供电所抢修人员完成故障处理后，向客户介绍故障报修业务线上申报，并介绍手机申报的好处和特点，推荐客户下载使用。

2. 集思广益、创新模式

（1）因地制宜，借助当地人气最高的自媒体"国心微世界、镇坪国心微帮"等社群开展推广。

（2）制作员工桌牌、胸牌、个人名片、业务柜台上集成员工的个人专属推广二维码，方便工作人员结合实际工作开展宣传推广。

（3）在社区通过筛选目标用户群体，选取人流量大的餐饮店、小超市、卫生所等地点张贴个人推广二维码，为等候的客户群体提供信息入口。

3. 紧盯目标、强化考核

（1）细化分解"网上国网"运营管理推广指标任务，明确时限、责任到人，每日通报工作进度，及时督促提醒。

（2）奖罚分明，对指标完成领先者予以奖励，对未完成任务者在月度绩效考核中兑现，并在公司公示栏进行通报，形成学习先进、你追我赶的良好氛围。

三、成效亮点

虽然镇坪地广人稀，供电员工缺员严重；但通过大家集思广益、共同努力下，不到两个月时间镇坪县公司"网上国网"注册客户数13829户，注册率53.83%；绑定客户数10832户，绑定率42.17%；月活数81.69%，超前完成阶段推广任务，为公司加快推进营销业务融合和营销服务数字化转型升级做出了积极贡献。

自2022年6月1日融合以来，推广过程中涌现出了一批优秀员工和推广达人，镇坪县公司个人二维码推广成效在300户以上的共有12人，其中城关供电所有6名员工、钟宝供电所有4名员工获得"推广达人"称号，受到了市公司的表彰和奖励。

5.5 数据质量提升类典型案例

◎ **案例一：基于数字化转型强化同期线损专项治理**

亮点单位：国网汉中市勉县供电公司。

一、思路目标

勉县公司以创建同期线损管理"双百强"为工作目标，依托数字化管理工具，紧盯影响同期线损提升的重点环节和关键流程，抓机制强管理、抓基础补短板、抓专项提指标、抓素质强队伍，区域台区管理因地制宜，打出同期线损治理提升组合拳。

二、做法措施

1.统一思想，凝聚合力

（1）明确目标任务，制定管理方案。明确将勉县公司5次百强县公司和数字化第一梯队5个供电所10次百强所创建任务纳入公司年度重点任务序列，制定线损管理方案。

（2）理清职责边界，强化分工协作。将"双百强"创建任务分解至各部门、班所，形成发展专责负责线损指标监控、问题排查反馈、跟踪核查治理，团队严格落实协同联动机制，确保形成工作不断档、零差错。

（3）坚持奖惩并举、树牢争先导向。建立择优奖惩机制。对当年首次创建百强县公司和百强供电所，给予专项奖励。

2.夯实基础，强基固本

（1）持续提升采集质量。结合数字化感知类设备部署，全力提升公司数字化综合排名，制定《HPLC通讯模块里程碑计划》，安装HPLC模块19.87万块，覆盖率达100%，指导开展10kV线路、低压台区理论线损计算，台区线损日达标率长期稳定在99%以上。

（2）狠抓营配数据贯通。深挖数据价值，充分发挥数据师、数据员价值，对PMS等系统源端基础数据质量进行核查，排查线变台户关系错误等基础问题，实现档案完整性、模型一致率100%，保证了线路理论线损100%可算。

（3）常态开展电量补采。利用用采等信息系统实时监测配变电量数据采集情况，利用新三样设备每日16：00前完成全部采集失败数据的补录工作，确保配变、用户电量数据正常冻结。

3.聚焦重点，靶向发力

（1）严格异动流程管控。数据运维班全力管控，依托生产计划超前管控各类异动，各专业即时联动处理异动，勉县公司发生的多项异动数据均按时异动完成。

（2）加强异常台区监测。通过数字化工作台运行看板实时监测异常台区预警，制定"三单"机制，累计派发预警单 6 份，做到不良工况台区日结日清，有效杜绝连续异常台区。确保线路 100% 可算。

（3）多措并举、消缺降损。通过带电检测、线路巡视等方式发现线路节点发热、局部放电等异常点，并及时进行消缺，逐步降低线路技术线损，提高线路经济运行率。

三、亮点成效

"公司—专业部门—供电所—台区经理"四级治理体系，以数字化工具和手段一级一级夯实责任，锤炼了队伍，调动了员工的积极性，带动提升供电所整体管理水平。公司分区分压线损长期保持 100% 达标，线路经济运行率、台区经济运行率、综合线损率均有大幅提升。成功创建百强县公司 3 次，百强供电所 8 所次，武侯、勉阳供电所实现新创百强供电所。

◎ **案例二：强化实物资产管理，提升基础数据质量**

亮点单位：国网延安供电公司。

一、思路目标

延安公司严格落实《国网陕西省电力有限公司 2022 年数据质量治理提升方案》整体工作部署，在持续推进原东区口径数据治理工作的基础上，及时将原南区口径各单位纳入数据治理工作体系，确保数据治理工作覆盖各专业、各层级，以数据标准统一促进管理模式同质。

二、做法措施

（1）凝聚工作合力，确认治理重点。延安公司由数字化部牵头，会同运检部、配网部，同步邀请同源维护工具、PMS 系统项目组人员，组成工作专班，以实物资产专题为切入点，展开联合分析研讨。对 5 大类 118 项数据问题逐一梳理，确定"ERP 设备台账—ERP PM 与 PMS 设备库存号（运行编号）一致性""ERP 设备台账—ERP PM 设备台账与 AM 资产一致性"等 12 项数据项作为突破方向。

（2）厘清数据链路，明确治理手段。结合已确认的重点数据项，厘清数据流转链路，确认数据同步机制。共排查"PMS 运行编号至 ERP 库存编号推送""设备在运但未完成资产关联""PMS 建档时设备状态选择有误""PMS 系统未同步建账"等 12 项关键症结，逐一明确治理手段。经一个月治理，延安公司实物资产专题数据由 2022 年 5 月末的 7.8 余条锐减至 6 月末的 2.4 万余条。

（3）强化增量管控，做好经验总结。在持续推进实物资产专题问题数据治理的基础上，延安公司数字化部还会同配网部及同源维护项目组，分别就原东区、南区电网一张图构建路径进行梳理，分析同源维护工具、外网采录 App 与 PMS 系统数据字段要求的对应关系，明确工具对数据质量可能存在的 6 方面影响，并及时反馈，配合省公司进行工具改造和完善。最后，形成《国网延安供电公司"实物资产"专题数据治理分析报告》并提报省公司数字化部，获得高度评价。

三、亮点成效

两网融合以来，延安公司下辖县（区）公司由 4 家拓展至 14 家，一方面，整体数据量激增、数据管控难度不断加大，且两网数据标准不一，整改难度较大；另一方面，数据治理体系不断完善，对于数据管理也提出更高要求。在此背景下，延安公司主动作为，克服困难，全年累计完成 178625 条实物资产问题治理。在全省数据治理综合成效排名中，延安公司 2022 年 2 月排名第 2，4 月、6 月排名全省第 1，数据整改率大幅提升，数据质量明显改善，为数字化县公司建设推广奠定良好基础。

◎ 案例三：基于基础数据治理的"双百强"创建管理实践

亮点单位：国网宝鸡市陈仓县供电公司。

一、思路目标

为有效解决公司同期线损、供电质量等方面存在的基础管理不实、业务协同不畅等问题，开展数据质量专项治理，建立"统一标准、分工合作、协同联动、同步推进"的数据治理工作流程，从营配、线损等专业领域开展数据治理，确保 PMS、GIS、营销 SG186 等信息系统中基础数据准确，全面支撑设备实物资产管理、停电管理等业务应用，为公司数字化转型奠定坚实基础。

二、做法措施

1. 构建数据管理体系

构建"1+2+N"的二级管理机构，建立供服中心牵头运检、营销 2 个专业部门落实责任，层层落实到供电所的数据治理管理体系。负责对营销、运检涉及的营配贯通数据进行日常监控。对新装（增容）变压器在 PMS 系统中完善基础数据建档和 GIS 图形建模，制定全过程管理流程，对营配对应情况全流程进行管控。

2. 建立培训交流机制

组建线损专家团队，定期对存在的问题进行现场会诊和帮扶。开展多种类培训，解决人员在认知程度、管理水平、业务能力等方面的突出问题。

3. 扎实开展数据采录，数据质量持续改善

以推动数据质量问题源端治理和闭环整改为主线，按照"总体管控、统一推进、资源共享，高效并行"的原则，全面开展电网资源基础数据采录工作，编制《电网资源基础数据采录工作方案》，建立以维管班组为数据采录主体、专业部室抽查把关的工作机制、统一数据采录、归真标准，同量同步开展运检与营销系统数据更新，确保修改数据的一致性，准确性和唯一性。

4. 加强基础档案管理，夯实数据基础

加强用户档案完整性、准确性管理，坚持"管业务必须管档案"理念，以专业问题治理为导向，检查电能表、互感器倍率及量程是否与用户实际用电负荷匹配，是否与系统档案一致。对超容用电的用户依规开展增容流程，对于计量故障问题和互感器配置不合理等问题，及时进行整改和追补。同时，结合线损异常工单规范营销系统数据管理，开展全数据现场核查，梳理低压客户信息，治理存量问题数据。

5.编制同期手册

由供服中心牵头，各专业配合，从指标要求、数据来源、专业典型问题防范措施等方面，编制了《同期线损"双百强"建设防差错手册》，推广先进治理经验，推进全面提升。

三、亮点成效

以"数据同源、信息融合、数据归真"为出发点，各类异常问题和违章窃电行为全环节治理，同期线损达标率快速提升，实现分线、分台线损监测达标率99%以上。完成102条公专线路、2531个台区的全量采录，梳理18万余户低压客户信息，治理存量问题数据12094条。

编制的《321"三架马车"齐发力，线损管理水平稳提升》《源端数据渐归真　理论线损准还原》《把脉问诊，深挖细刨治"顽疾"》参加省公司同期线损劳动竞赛，获得1个一等奖、2个二等奖。

5.6 新技术应用类典型案例

◎ 案例一：RPA应用为数字化县公司建设提供动力

亮点单位：国网西安供电公司。

一、思路目标

RPA无侵入式的技术特点，实现不同系统之间数据的共享和协同工作，极大地提高了工作效率，能够有效解决公司各层级广泛存在的系统操作繁琐、数据重复录入等实际问题。结合数字化县公司建设，在各县（区）供电公司开展RPA机器人创新应用，用软件机器人替代费工、费时、价值低的系统操作，打造数字化员工，提升员工获得感。

二、做法措施

1.高度重视，精准定位

西安公司根据省公司总体工作安排，将RPA推广应用纳入数字化县公司20项重点任务之一，全力推进项目实施；积极开展流程自动化机器人项目需求挖掘和推广应用，不断提高县公司运营质效和风险防控能力。

2. 横向联动，主动出击

西安公司牵头组织召开 RPA 应用推广培训交流会，邀请省行专家进行答疑解惑，向业务部门、区县公司介绍 RPA 项目基本情况、应用场景和技术优势，分享已上线典型案例，分析 RPA 技术的显著作用。通过制作宣传片及新闻报道的传统形式广泛宣传 RPA 建设成果，安排专人前往相关县公司开展现场调研，重点宣传 RPA 的适用领域和强大优势，指导业务部门储备、培育RPA 需求。

3. 纵向传导，深化应用

依托数字化县公司宣讲在长安、蓝田等县公司进行培训，开展"送培下基层"工作，重点就 RPA 技术、适用范围、申报流程、能力孵化、启用与运行以及上线相关应用等对各区县公司进行培训，强化人员使用 RPA 能力；加强宣传培训，通过宣传报道、电子公告等形式，向各层级人员传导 RPA 在节省人力、提高效率、防范风险等方面的重要意义；将 RPA 推广应用情况纳入数字化县公司建设工作内容，在应用场景、应用频次、业务成功率等方面设定考核分值，明确任务导向。

4. 选取标杆，树立典型

选取长安公司作为 RPA 自主研发的试点县公司，面向工作短板、突出效率效益，针对营销、供服、安监等不同专业产生的问题，以问题为导向，建立"供服＋部门""供服＋班组所"需求响应机制。抓好"提、评、研、评、改、推"六个环节，及时评审需求可行性、跟踪研发进展、研究协调存在的问题、评价场景事项运行成效、改进后续存在问题，推广于各部室班组。

三、亮点成效

在公司范围内推广基于"RPA 服务平台"的数字化设备退役流程工具，完成报废待选的资产基础台账的自动维护更新；申报建设的 RPA 机器人在项目管理中的应用，入选国网基建专业样板间建设；长安公司自主研究开发的"准入人员安全检测 RPA"，实现系统对准入人员信息的自动比对……随着一例 RPA 机器人在各项业务中的成功上线，从市公司到区县公司，科技减负正在变为现实。其中，数字化设备退役流程工具、准入人员安全检测 RPA 代表西安公司在省公司 RPA 建设成果汇报会上进行成果汇报与经验交流，得到了各地市公司专家的认可。截至 2022 年 7 月底，西安公司成功应用 RPA 数量 10 余例，节约人工工时超 1500h。有效解决部分业务流程线上断点和报表生成痛点，成功实现各业务提质增效，助力数字化县公司建设。

◎ **案例二：林区配电网线路防山火**

亮点单位：国网汉中市勉县供电公司定军山供电所。

一、思路目标

通过"摄像头＋烟感探测器"相结合的方式，构建配电网线路可视化监测体系，该机制综合应用数字化防山火监测、配电自动化等系统，实现火灾隐患区段实时监测报警，建立森林火灾联防联控机制，实时掌握森林火灾隐患线路运行状况。改善山区电力线路防山火隐患工作被动局面，解决基层员工山区运维难度大、遇到突发险情无法得到有效控制等问题，协助供电所基层员工减轻日常运维巡视压力，进一步提升山区线路供电可靠性。

二、做法措施

1. 无人机 3D 建模

通过无人机三维激光扫描设备，对重点线路进行激光点云建模，详细记录线路走径、地形地貌和重点隐患缺陷，选取供电所辖区 117 农武线 5km 重要线路绘制成三维立体模型。

2. 配备自主巡检无人机

将巡检线路与周边实际环境结合，基于三维模型预设航线，指导无人机按航线自动飞行。同时总结巡视经验，逐步向其他供电所推广。

3. 缺陷故障可视化管理

通过无人机自主巡检，对线路、杆塔存在的隐患缺陷进行拍照留存，并将缺陷故障与三维模型结合，录入至可视化平台，值班人员可以足不出户通过平台查看隐患缺陷，进一步提升线路运维质量，减轻基层人员山区运维压力。

三、亮点成效

（1）配网线路无人机可视化巡检的有效落地，实现了定军山供电所 10kV 线路故障跳闸率同比下降 23%，人工巡视成本减少 30%，少停时户数约 1250 时·户，多供电量约 25000kWh，辖区供电可靠性有了显著提升。

（2）通过实现自主巡检零技术门槛"一键放飞"，定军山供电所已累计开展无人机自主巡检 10 次，发现整改缺陷隐患 57 处。农网巡视周期提升至每两月一次，为供电所人员运维工作提质增效。

（3）将航线规划与可视化系统高度凝炼，形成典型经验推广至勉县其余供电所，累计完成 110 余千米 10kV 线路航线规划，协助 5 个供电所累计开展巡视 15 次 200 余千米，实现自主巡检"一机多用"，节省运维成本的同时带动电网整体巡视水平的提升，实现配网巡检可视化全覆盖。

◎ **案例三：基于用电负荷数据与遥感解译的光伏减碳潜力分析技术研究**

亮点单位：国网西安市临潼区供电公司。

一、思路目标

以国产高分卫星遥感影像为数据源，利用人工智能技术提取特定区域内的建筑物，识别建筑类型，用典型建筑占比系数表征区域内不同区域的建筑屋顶面积；分析区域内建筑屋顶的空间特征并计算屋顶分布式光伏的装机潜力。为分布式屋顶光伏提供低碳高效的理论支撑和管理工具，助力"整县光伏"的快速推进，为乡村振兴在新能源方向提供可靠的量化决策依据。

二、做法措施

1. 卫星遥感影像及辅助数据处理

利用 2m 分辨率的卫星遥感影像经过人工编辑形成的城区范围矢量，对提取的建筑矢量进行划分，确定城镇和农村建筑范围。依据典型城市提取的独栋建筑和建筑区矢量，计算对应的建筑占比系数；利用百度地图等网络建筑轮廓数据作为辅助参考，优化样本精度。

2. 提取区域内范围的建筑区

对区域内建筑区及典型城市独栋建筑进行自动提取，得到区域内建筑区及典型城市独栋建筑的矢量范围，为后续屋顶面积计算提供基础数据。

3. 建筑物屋顶面积估算

在建筑区提取矢量的基础上，根据城区范围矢量对提取的建筑矢量进行划分，以此区分典型城市、城镇和农村的建筑范围；分别计算对应的建筑占比系数，进一步提升计算精度。

三、亮点成效

随着高分辨率卫星遥感技术的发展，人工智能、深度学习技术的发展也为建筑物的智能识别与特征提取提供了技术基础，基于深度学习的智能识别和提取形成了典型城市的建筑物数据集，提取精度达到85%。

能够精确获取区域内范围建筑物（区）的空间分布，掌握可承载分布式光伏的建筑区（物）的底数；可将建筑物（区）落实到地块，便于构建建筑物（区）和分布式光伏建设的动态监测机制，动态掌握分布式光伏项目的建设进度。

在分布式光伏规划过程中，传统上需大量专业人员才可完成的屋顶分布式光伏装机潜力评估工作，由人工智能自动完成，辅以智能化的台区接入点推荐，节省了人员投入，提升了分布式光伏的规划效率和精准率。高度匹配公司的"双碳"目标，促进了"整县光伏"工作的推进，全面助力实现低碳发展运营。

参考文献

［1］《2023 年数字化县公司推广实施 20 项重点任务指标宣贯培训》文件 [R].

［2］PMS3.0 顶层设计成果材料培训材料 [Z].

［3］2022 年 RPA 场景建设应用工作方案 [R].

［4］数据应用门户二期设计开发实施方案 [R].

［5］基于"数字化平台"的运营监测分析展示设计开发实施研究报告 [R].

［6］低压分布式新能源智能管理系统 – 建设实施研究报告 [R].

［7］2023 年数字化县公司推广实施方案 [R].

［8］配电自动化实用化提升工作方案 [R].

［9］工作平台前端微服务支撑框架 [R].

［10］i 国网应用白皮书 [R].

［11］i 国网 UAT 环境使用说明 V1.3[Z].

［12］i 国网：大平台 + 微应用，员工的办公好助手 [N].中国电力网 2020-12-23.

［13］国网陕西电力打造供电所数智作业新模式 [N].国家电网报　杨永刚　薛宝弟 2020-06-14.

［14］"i 国网"App"AI 助手"功能累计调用量突破 85 万次 [N].国家电网报　张琳瑜 2022-12-19.